AF499946

LA RÉPUBLIQUE

EST-IL POSSIBLE DE LA MAINTENIR EN FRANCE ?

Dijon, imp. J.-E. Rabutôt.

LA RÉPUBLIQUE

EST-IL POSSIBLE DE LA MAINTENIR

EN FRANCE

PAR

UN RURAL-BOURGUIGNON

> « Bienheureux ceux qui ont faim et soif de la justice, parce qu'ils seront rassasiés. »
> « Cherchez d'abord la justice, le reste vous viendra par surcroit. »
> JÉSUS-CHRIST.

EN VENTE

CHEZ TOUS LES LIBRAIRES

1871

ERRATA

Pages 1, ligne 7, en remontant, *au lieu de* la nomme, *lisez* le nomme.

18, ligne 22, *au lieu de* quelques prétendants, *lisez* quelque prétendant.

18, ligne 11, après les punir, il doit y avoir un renvoi de note indiquant la lettre au rédacteur du *Rappel*, page 137.

27, ligne 4, *au lieu de* puisqu'ils aspirent, *lisez* puisqu'elles aspirent.

27, ligne 18, ajoutez *dont* le peuple, etc.

79, ligne 3, *au lieu de* à prix fixé, *lisez* à prix fixe.

81, ligne 18, *au lieu de* des cerveaux, *lisez* lorsque ces cerveaux.

81, ligne 21, *supprimez* lorsque.

81, ligne 26, *au lieu de* Et que, *lisez* Tandis que.

81, même ligne, *au lieu de* soient, *lisez* sont.

81, ligne 30, *au lieu de* que les, *lisez* tandis que les.

84, ligne 4, *au lieu de* ces masques, *lisez* des masques.

84, ligne 5, *au lieu de* ces acteurs, à ces figurants, *lisez* à des acteurs, à des figurants.

88, ligne 13, *au lieu de* en désordres civils, *lisez* en discordes civiles.

104, ligne 8, *au lieu de* ces vaines, *lisez* ses vaines.

132, ligne 14, *supprimez* et.

PRÉFACE

Avant d'examiner la question de la possibilité du maintien de la République en France, j'ai pensé qu'il ne serait pas inutile de faire connaître à mes lecteurs les raisons déterminantes de ma résolution à m'occuper de cet objet.

En effet, la nécessité d'un ouvrage une fois établie, l'auteur obtient facilement l'indulgence du public ; car, quelque soit le mérite de son œuvre en elle-même, on est obligé de lui accorder au moins le mérite de l'actualité, de l'opportunité. C'est toujours une idée neuve, une sorte d'invention.

On pourra regretter avec l'auteur l'abandon des maitres en l'art d'écrire d'un sujet si brûlant et si palpitant d'intérêt ; mais on sera certainement reconnaissant envers lui de l'avoir signalé en y consacrant ses faibles forces.

Or, cette indulgente bienveillance du public, à qui est-elle plus nécessaire, sinon à nous-même, dont les rares travaux de la pensée lui sont complétement inconnus ?

Voici donc, indépendamment des nombreuses sollicitations de plusieurs amis, ce qui nous a déterminé à offrir au public ce petit travail, malgré ses imperfections, malgré l'insuffisance de l'auteur en présence d'une question dont l'importance capitale réclame la plume autorisée d'une de nos gloires politiques, d'une de ces renommées dont le nom seul suffit pour donner du succès à un ouvrage et pour en faire profiter l'humanité.

Une première raison, suffisante à elle seule pour en justifier l'apparition, c'est la mise constante et quotidienne à l'ordre du jour des préjugés relatifs à la possibilité d'établir définitivement en France les institutions républicaines.

Avant la proclamation de la République, avant le 4 septembre, on entendait parfois ce vieux refrain monarchique de l'impossibilité d'instituer en France le gouvernement républicain. Mais les conversations quotidiennes avaient pour aliment principal l'excellence et la supériorité des principes démocratiques. On en parlait comme des voyageurs parlent d'un pays objet de leurs affections, on s'en entretenait avec cette joie ineffable et enthousiaste, particulière aux exilés lorsqu'ils sont près de revoir le sol aimé de la patrie.

Depuis l'avénement de la République, le vieux préjugé est en marche continuelle ; aux champs et à la ville on le voit. Prêtez l'oreille à tous les bruits, à tous les échos : cette possibilité de la République, si rarement contestée tout à l'heure, est sur le point d'être complétement niée.

D'où vient ce changement, sinon de ce que les prétendants et leurs amis font répéter comme un mot d'ordre ce merveilleux paradoxe auxiliaire si puissant des restaurateurs de trône.

Un autre motif non moins considérable, c'est la pénurie, sinon l'absence d'ouvrages écrits dans ce sens depuis 1848, peut-être depuis 1789.

On a beaucoup écrit, il est vrai, sur la forme à donner aux institutions républicaines ; des systèmes nombreux ont été présentés au public comme le point culminant du régime démocratique.

Mais quel est le nombre des livres destinés à répondre directement à ce préjugé répandu avec tant d'artifice par les partisans de la monarchie ? Où est l'auteur qui réclame la paternité d'un ouvrage destiné à le détruire, à en démontrer la fausseté, c'est-à-dire la possibilité d'établir définitivement en France le gouvernement républicain ?

Chacun s'accorde à le dire, il n'en existe aucun.

Et cependant, comment déraciner les préjugés? n'est-ce pas en les attaquant directement?

Lorsque le préjugé nie depuis si longtemps la possibilité, pour la France, de vivre sous l'empire des idées démocratiques, la preuve vulgarisée de cette possibilité, n'est-elle pas la voie la plus sûre pour arriver à la destruction de ce préjugé?

Une troisième raison également impérieuse, c'est le besoin réel de publications de ce genre, à cause du désarroi trop général auquel sont en proie les écrivains politiques, les journalistes, surtout ceux dont les écrits ont le privilége singulier de plaire aux masses des grandes villes et d'exercer sur elles une véritable influence.

Sous l'empire, les lois si restrictives de la presse n'ont pu empêcher la production de certaines polémiques sérieuses, basées sur la logique et la raison. Quelques journaux semblaient avoir conservé dans leurs colonnes les traditions philosophiques, aliment principal de la pensée. On devinait, en les lisant, l'intention secrète du publiciste de dominer les esprits par la seule puissance du raisonnement, par l'irrésistible ascendant de la vérité.

Depuis l'avénement de la République, qui a fait une si large part à la liberté de la presse et de la parole, il était permis d'espérer l'apparition immédiate de nouveaux défenseurs du droit et de la vérité, de nouveaux polémistes d'autant plus jaloux de travailler, de se vouer à leur triomphe, que leurs ardentes convictions avaient dû être plus contenues sous le régime impérial. Aujourd'hui, cette espérance si légitime s'est complétement évanouie en présence de l'attitude bizarre prise par les journaux de création récente, la plupart préconisant les opinions les plus radicales.

Aucune de ces feuilles politiques n'accuse la moindre préoccupation, dans l'esprit de leurs auteurs, d'éclairer, d'instruire le peuple, de le faire parvenir à la connaissance effective de ses droits et de ses devoirs, c'est-à-dire à la vraie civilisation; but souverain, mission incontestée, suprême de la presse, de tout vrai philanthrope, de toute âme honnête, de tout citoyen digne du nom d'écrivain.

Elles paraissent toutes poursuivre un double but : augmenter la renommée populaire de leurs auteurs et créer des embarras au pouvoir, sinon chercher à le renverser.

Et par quels moyens? Les voici :

On quête la renommée par la flatterie prodiguée au peuple, par ces articles à sensation qui ont amené une certaine partie de la population des grandes villes à un état d'esprit fébrile, vertigineux, sous l'empire duquel peuvent disparaître ce sens droit, cet attachement profond pour le vrai, si nécessaires à la masse pour n'être point exposée à être le jouet de l'intrigue, à être entraînée dans des erreurs funestes à elle-même et à la République.

On ne se livre plus à une discussion sévère, approfondie, des actes du pouvoir, des membres du gouvernement; on s'applique exclusivement à la besogne si facile et si productive, dans notre pays, du dénigrement systématique, lorsqu'on manie adroitement le fouet de la satire, l'arme terrible du sarcasme et du ridicule.

Il ne s'agit plus de convaincre les masses de la réalité et de la gravité des fautes des hommes d'État. Comme le médecin malgré lui, de Molière, nous avons changé tout cela. On a substitué à la discussion sérieuse, à la polémique sincère, loyale, cette manie pamphlétaire malsaine, qui ne dédaigne pas de puiser son aliment aux sources impures de la calomnie, de l'injure vulgaire; ce n'est plus du journalisme, c'est du catéchisme poissard.

Eh bien, cette manie, trop générale, de verser le ridicule sur les hommes et sur les choses, au lieu de discuter leur valeur réelle, n'est-elle pas, comme je l'ai dit, un véritable désarroi, un écueil dangereux à signaler? Et le public peut-il ne pas nous gratifier de quelque bienveillante indulgence, nous qui avons consacré nos faibles forces à écrire ce petit ouvrage, en nous efforçant de nous maintenir dans les limites du sens commun, de la logique et de la raison, afin de protester contre l'abandon coupable dont ils son l'objet?

Enfin, à ces différents motifs je dois joindre un désir bien légitime d'accomplir un devoir tracé par nous-même au chapitre septième et dernier de ce petit ouvrage : la nécessité de répandre et de vulgariser les idées, les pensées dont la diffusion peut être profitable, à un degré quelconque, à nos concitoyens et à la République.

Or, en appeler au bon sens, à la logique, à la raison, n'est-ce pas une œuvre utile, à une époque où la fantaisie, le caprice, la mode ont tout envahi et aspirent à la souveraineté absolue dans notre malheureuse patrie?

Est-ce en suivant aveuglément les caprices de notre imagination et en flattant, en encourageant ceux de la masse, que nous pouvons établir en France cet ordre de choses si indispensable au maintien de la République et de l'influence française dans l'humanité : instruction féconde, résultat de l'amour du vrai; unité de vues, de principes; la paix intérieure, le travail, le développement de l'industrie et de la richesse nationale? Non! mille fois non!

De même qu'on ne maintient pas l'unité de la matière, la cohésion de ses parties, en la soumettant à l'action funeste d'un dissolvant; de même on ne saurait maintenir l'unité de vues, la cohésion des volontés d'un peuple, c'est-à-dire sa vie, son énergie, sa force, son génie national, sans la préserver de l'action si dissolvante du caprice, de la fantaisie et de la mode.

Si nous avions l'insigne honneur de voir notre petit travail accueilli avec quelque faveur par le public, nous lui promettons, dès aujourd'hui, une nouvelle œuvre supérieure à celle-ci.

Car nous était-il possible de consacrer toute notre énergie, toutes nos forces intellectuelles, tout notre libre arbitre à la composition d'un livre, lorsque le canon ennemi grondait continuellement sur notre tête; lorsque, enfermé dans Paris comme en un immense cercle de fer et de feu, nous luttions contre nos envahisseurs, en nous demandant, le cœur rempli de patriotiques angoisses, si la France traversait une de ces douloureuses épreuves ménagées par la Providence pour la régénération des peuples, ou si elle allait s'enfoncer dans les abîmes de la mort, après une horrible et sanglante agonie!

EMILE FOURNAUX.

LA RÉPUBLIQUE

EST-IL POSSIBLE DE LA MAINTENIR EN FRANCE?

CHAPITRE PREMIER

Position de la question. — Nécessité d'une majorité pour tout gouvernement électif désireux de se perpétuer. — La République actuelle a-t-elle cette majorité? — Ses éléments divers.

Il existe dans la science philosophique un ensemble de règles et de principes réunis sous le nom de logique. Parmi ces règles et ces principes, il en est un surtout, dont l'application est indispensable pour éviter tout malentendu, toute discussion oiseuse et stérile : on la nomme la position de la question.

Avant d'examiner la question à résoudre, je tiens donc à bien établir quelle est, en réalité cette question.

La République est-elle possible en France ?

Qu'est-ce à dire ?

Veux-je demander s'il est dans l'ordre du possible qu'il existe en France un an, deux ans, plus ou moins un état, une forme de gouvernement contraire à la monarchie, et qu'on nomme République ?

La question ainsi posée serait déjà résolue, puisque la France est républicaine pour la troisième fois : *ab actu ad posse valet consecutio.*

S'agit-il de savoir s'il est l'heure de fonder ce que les uns nomment la République sociale ; d'opérer, selon le désir de quelques autres, la liquidation sociale; de faire du fouriérisme, ou du communisme, ou du saint-simonisme l'état social de la France entière? Non.

Je laisse de côté pour le moment toutes ces théories; je les néglige complètement pour m'occuper exclusivement de ce qui est accessible à toutes les intelligences françaises, de ce qui est à leur niveau intellectuel et politique, en un mot, de ce qu'elles comprennent bien; par conséquent, de ce qu'elles peuvent désirer.

Laissons aux sectateurs des doctrines auxquelles je viens de faire allusion le soin de les vulgariser au point de les faire considérer par la masse comme choses praticables, afin qu'après avoir fondé la République pure et simple, le public puisse, en connaissance de cause, se prononcer sur la véracité pratique de ces théories et sur l'opportunité de leur application.

Car, ne l'oublions pas, sous un régime républicain l'opinion générale, c'est-à-dire la majorité, est l'opinion légale.

La véritable question, le seul but objet de mes recherches, c'est de savoir et d'établir s'il est possible de maintenir définitivement en France le gouvernement républicain.

Oui, cette France si glorieuse dans son passé monarchique, si héroïque lorsqu'elle a vécu sous les lois républicaines, saura-t-elle conserver la République fondée par elle deux fois sans avoir pu la conserver? pourra-t-elle en faire une institution durable, alors qu'elle paraît si heureuse et si fière de l'avoir rétablie?

S'il est un principe certain, indiscutable, évident, c'est la nécessité, pour tout gouvernement électif aspirant à la durée, d'être en possession d'une majorité plus ou moins considérable pour l'appuyer.

Cette majorité indispensable, même sous les gouvernements de droit divin et sous les monarchies bâtardes des deux Napoléon, est une question de vie ou de mort sous les gouvernements électifs, puisqu'ils sont soumis, à des époques déterminées, à l'épreuve du suffrage universel, tandis que les autres gouvernements étaient exonérés de ces épreuves.

Si les deux empires les ont subies, ils ont toujours choisi minutieusement leur heure, après des préparatifs et des intrigues inouïs pour capter les suffrages du peuple.

L'existence de cette majorité étant une nécessité fatale, inéluctable pour maintenir tout pouvoir électif, nous allons examiner si la République actuelle, pouvoir électif, est en possession de cette majorité; ensuite nous rechercherons, nous signalerons les moyens propres à la lui conserver.

Ainsi donc, si nous établissons l'existence d'une

majorité républicaine, si nous indiquons les moyens propres à conserver, à maintenir cette majorité, nous aurons par là même établi la possibilité de maintenir la République en France.

C'est ce à quoi nous avons consacré tous nos efforts. A nos lecteurs de juger notre œuvre et de voir si nous avons réellement réussi.

Lorsque le 4 septembre, la France, sous le coup de foudre qui venait de la frapper, renversa, frémissante de douleur et d'indignation, le trône du dernier des Bonaparte, ce jour-là une immense et unanime acclamation salua la République sortant encore une fois de son tombeau.

Ses adversaires les plus intéressés, les monarchistes, n'osèrent élever la moindre protestation publique contre cette résurrection soudaine du nouveau Lazare; ils demeurèrent muets, accablés sous le poids de l'étonnement et de la stupeur.

Les membres du nouveau gouvernement, mesurant toute la grandeur du péril qui menaçait la capitale de la France d'une effroyable invasion, tournèrent tous leurs efforts vers l'organisation de la défense : provisions de bouche, munitions, engins de guerre furent centralisés à Paris comme par enchantement.

Pendant cette première phase de la nouvelle République, les partisans intéressés à tant par tête du bonapartisme, obéissant sans doute à quelques mots d'ordre, s'agitaient dans des conciliabules secrets.

Puis ils se réunirent adroitement aux mécontents de tous les régimes, dont le nombre se trouva tout à coup grossi de quelques intrigants désavoués par le parti républicain.

Cette trinité soudainement improvisée, bizarre, mais redoutable à cause des éléments qui en faisaient partie, intrigua si bien et si fort qu'elle commençait à faire naître des doutes sur le patriotisme du gouvernement provisoire. Le mot de trahison sans cesse à la bouche, elle en agitait le spectre aux yeux des masses trop mobiles de la capitale.

L'hôtel de ville fut bientôt son lieu de rendez-vous; elle s'y rendit en armes, réclamant l'institution de la commune comme le vœu de la majorité, comme la seule voie de salut public.

Le gouvernement, réuni pour répondre à ces démonstrations armées, supporta en silence avec une abnégation, un patriotisme au-dessus de toute admiration, les insultes, les outrages calomnieux et jusqu'aux voies de fait de quelques idéologues exaltés, et de quelques cerveaux ramollis surexcités par la boisson.

La République n'était-elle pas alors dans le plus grand péril? Deux tristes expériences n'attestent-elles pas que le moyen infaillible pour la perdre est de la confier aux mains des puritains qui, sous prétexte de l'épurer, nous amèneront les troubles, le chaos, la réaction et la monarchie?

Délivré des mains audacieuses qui le gardaient à vue, le gouvernement se hâta de convoquer à bref délai les électeurs parisiens, afin de savoir si la majorité désirait la commune et s'il devait résigner ses pouvoirs, lui l'adversaire déclaré de l'institution de la commune.

Le vote eut lieu, vote libre, vote consciencieux, sans la moindre réunion préparatoire organisée par le gouvernement ou par ses partisans. Chose qui existait, au contraire, du côté des adversaires du pouvoir, puisqu'ils avaient décrété depuis plusieurs jours, dans des réunions multipliées, la nécessité de rétablir la commune.

Malgré leurs efforts inouïs, malgré l'enthousiasme frénétique de leurs réunions, les partisans de la commune purent se compter après le dépouillement du scrutin.

Le mot de Phèdre n'a jamais rencontré une plus admirable application : *Paritur mons nascitur ridiculus mus.*

Une voix sur dix pour la commune, tel fut le bilan du premier scrutin ouvert sous la République de 1870 dans la capitale de la France.

Et cependant les 12e et 14e bataillons des mobiles de la Seine venaient d'être cruellement éprouvés dans la malheureuse affaire du Bourget; Metz venait d'être livré à l'ennemi : deux thèmes merveilleux pour accabler le gouvernement, devant un public trop souvent dominé par l'impression du moment pour remonter aux causes premières des événements !

Une majorité acquise dans de telles circonstances est donc une majorité réelle, sérieuse; on peut donc le dire avec certitude, le gouvernement républicain est en possession de la majorité.

Pas de commune, pas de socialisme ni de communisme : la République pure et simple, dirigée par Jules Favre, Picard, Gambetta, Garnier-Pagès, Jules Simon, Magnin, ou par des hommes de même nuance politique, si ceux-ci étaient dépossédés de la confiance populaire, c'est-à-dire par des républicains toujours prêts à s'incliner devant les décisions souveraines de l'opinion générale, devant les volontés suprêmes de la majorité, source seule légitime, seule légale de toute transformation politique et sociale dans un Etat basé sur le suffrage universel.

Voilà la signification incontestable du scrutin ouvert à Paris, après les scènes violentes et inqualifiables du 31 octobre.

On objectera peut-être que cette majorité existe seulement à Paris, puisque la province n'a pas été appelée positivement à se prononcer, c'est-à-dire par un vote, sur le gouvernement de la République acclamé à Paris le 4 septembre.

Mais il est facile de répondre, l'histoire à la main, que les grandes villes ont toujours marché dans le sens de Paris au point de vue politique. Quant à la campagne, elle a toujours donné la majorité au gouvernement.

D'ailleurs, la province n'obéit-elle pas avec respect aux ordres de la délégation de Bordeaux ?

Et Gambetta néglige-t-il de lui dire qu'elle dépense son or et le sang de ses enfants pour sauver la République ?

La République, ou le gouvernement républicain, est

donc en réalité soutenu par le plus grand nombre ; il a donc la majorité.

S'il sait la conserver, sa permanence est assurée. Tout à l'heure, en indiquant les moyens propres à la conservation de la majorité républicaine, nous ferons connaître en même temps les moyens efficaces pour maintenir la République elle-même.

Avant d'indiquer les moyens infaillibles, selon moi, pour maintenir en un seul faisceau la majorité acquise actuellement au gouvernement républicain, il est bon de faire connaître les éléments principaux dont elle est composée ; cette indication facilitera puissamment à l'esprit la connaissance de la corrélation existant entre la majorité, ses aspirations et les moyens indiqués ci-après, pour empêcher sa destruction par la désagrégation des divers éléments de cette majorité.

Ces éléments principaux sont au nombre de trois :

1° Les républicains, c'est-à-dire ceux qui ont foi dans la République, dont les vœux incessants appelaient son avénement, convaincus de la possibilité de sa durée et de son influence incomparablement civilisatrice.

2° Les hommes n'appartenant à vrai dire à aucune secte politique, regardant la République comme la plus belle forme gourvernementale, mais considérant la nation française impuissante à sa conservation, à cause de l'extrême mobilité du caractère français et de la pluralité des partis qui s'agitent dans son sein :

deux causes fécondes en intrigues, en désordres et en changements soudains.

Ceux-ci seraient disposés à embrasser la foi républicaine parce que, de l'aveu général, la République est l'idéal sublime du gouvernement. Mais remémorant les deux échecs éprouvés pour l'établir en France, travaillés en sens contraire par les préjugés répandus sur cette question par les monarchistes, ils considèrent son établissement définitif, sinon comme une chimère, du moins comme un problème d'une solution très ardue, bien qu'ils soient disposés à en supporter un nouvel essai.

Ce sont les indifférents en politique.

3o Enfin, les individualités attachées à une monarchie quelconque dont elles attendent le retour, groupées autour du pouvoir nouveau, afin de lui faciliter la tâche de maintenir l'ordre menacé par les extravagants, dont elles redoutent l'arrivée aux affaires.

Ceux qui, en définitive, subissent la République jusqu'au jour où se présentera l'occasion favorable de se séparer d'elle, pour servir de base et de point d'appui à un gouvernement de leur choix.

Ce dernier groupe, numériquement inférieur à beaucoup près aux deux précédents, se compose exclusivement des individualités capables de jouer un rôle important, d'obtenir des fonctions plus ou moins lucratives sous les institutions monarchiques.

Au demeurant, ce sont les monarchistes.

Les éléments divers de la majorité acquise actuellement à la République nous étant connus, on l'a déjà compris, le véritable moyen de la maintenir consistera surtout à retenir dans le même faisceau, les deux premiers éléments, les républicains et les indifférents; car le troisième et dernier groupe, composé exclusivement d'un petit nombre de monarchistes, se détachâ-t-il de la majorité, sa désagrégation ne détruirait nullement cette majorité.

D'ailleurs, il ne s'en séparera pas sans voir poindre des chances pour le triomphe de ses convictions. Or, l'avénement de ce triomphe sera impossible et inespéré tant que les deux premiers éléments essentiellement constitutifs de la majorité resteront unis, et, par conséquent, maintiendront son existence.

O vous qui soupiriez après l'avénement du gouvernement républicain; qui avez consacré tous vos incessants efforts, depuis de longues années, à rendre la France à elle-même et à la délivrer des mains de l'oppression monarchique, véritables amis du peuple, puisque vous le servez constamment et sans jamais le flatter, hommes aux mâles énergies et aux convictions d'airin, vous que les menaces, les calomnies, les injures vulgaires, la noire ingratitude même, n'ont pas arrêtés dans la tâche sublime et périlleuse de fonder la République,

Retrempez votre généreux courage!

Il est de la destinée de tout fondateur de lutter avec une énergie égale, sinon supérieure, pour conserver ses institutions et pour les établir.

N'oubliez pas combien est favorable l'époque actuelle pour affermir les institutions démocratiques.

Le peuple, le peuple français surtout, a vite oublié les maux qu'il n'endure plus et les auteurs de ces misères passées. Que de fois, en effet, ne l'avons-nous pas vu brûler le lendemain l'objet de ses adorations de la veille, précipitant aujourd'hui de la roche Tarpeïenne ceux auxquels il avait accordé hier la gloire triomphale de monter au Capitole.

Hâtez-vous, tandis qu'il gémit et expie cruellement les fautes d'une monarchie entre les bras de laquelle il s'était jeté en abandonnant la République.

Hâtez-vous, dis-je, de lui prouver et de le convaincre que, pour conjurer le retour de pareilles catastrophes, il doit se gourverner lui-même, et faire de la forme républicaine la base éternelle, immuable de son gouvernement !

CHAPITRE II

Moyens pour conserver cette majorité, par conséquent la République elle-même. — Satisfaction des aspirations légitimes de la majorité; la plus impérieuse, c'est l'ordre public assuré. — Moyens moraux, matériels pour son maintien. — Création des tribunaux populaires.

Comment donc maintenir en un seul faisceau les deux principaux éléments constitutifs de la majorité, les républicains et les indifférents en politique ?

C'est en satisfaisant les instincts et les aspirations légitimes politiques et sociales de ces deux éléments.

Mais quels sont ses instincts et ses aspirations ?

En général, on peut dire : Ils tendent tous à l'amélioration matérielle et morale du plus grand nombre, à une marche certaine vers le progrès et la civilisation, c'est-à-dire à l'inauguration d'un ordre politique et social basé sur la liberté, la justice et la fraternité, contrairement à ce qui existait sous la mornachie, dont l'organisation politique et sociale se trouve résumée dans ces deux mots : Egoïsme et Injustice.

Fixée instinctivement sur la valeur du principe monarchique et sur ses applications possibles à la société, la majorité, éclairée par la lumière d'une fatale expérience, a le pressentiment qu'un peuple aux mains d'un seul homme, qui s'en prétend propriétaire au point de le considérer comme partie de son héritage, transmissible à ses enfants ou à ses collatéraux, à défaut d'héritiers directs, subit nécessairement le sort de toute propriété : on en jouit et on en abuse.

Elle connaît la justice distributive de ce régime : la faveur et le népotisme prodigués par le prince dans l'intérêt exclusif de ses créatures, de ses flatteurs et de ses défenseurs officieux de tout degré.

La grande majorité du peuple français est donc, en général et d'une manière plus ou moins consciente, disposée à préférer la forme républicaine à la forme monarchique, puisque ses aspirations tendent à la réalisation des institutions républicaines, expression vraie de la justice et de l'équité sociales, négation absolue du principe monarchique.

Mais ce qu'elle demande surtout, ce qu'elle exige impérieusement d'un gouvernement, ce dont elle ne veut pas se passer davantage que du pain quotidien, c'est l'ordre, c'est-à-dire la protection de tous les droits, le respect des lois et des institutions, la sécurité publique.

Tout gouvernement impuissant à procurer en France ces divers avantages est destiné à périr, fût-il arrivé au dernier degré de la perfection, au point culminant de l'organisation sociale à tous autres points de vue.

Donc, un des moyens nécessaires de conservation pour le gouvernement républicain, c'est la sécurité particulière des propriétés et des personnes, l'ordre public constamment assuré.

Avec quel art perfide les monarchies n'ont-elles pas exploité à leur profit ce besoin impérieux d'ordre dans toute société! Le plus souvent elles se sont installées par la répression du désordre.

Qu'elles aient succédé à d'autres monarchies, ou qu'elles aient remplacé des gouvernements républicains, c'est le plus souvent sous le masque de restauratrices de l'ordre qu'elles ont su se faire accepter.

Trop souvent, il est vrai, ce rétablissement de l'ordre a été pour elles une hideuse comédie, car les désordres étouffés par elles, avaient généralement été fomentés par des mercenaires à leur solde, afin d'avoir le prétexte, la mission providentielle de les faire disparaître.

L'ordre public étant une condition absolue, nécessaire d'existence pour la République, il s'agit de savoir si, oui ou non, elle pourra le maintenir.

Bien que deux tristes expériences, et des préjugés basés sur elles, semblent proclamer son impuissance à ce sujet, on se demande pourquoi la République serait impuissante à maintenir l'ordre, étant acceptée par la grande majorité du pays.

Si l'empire, exécré de toutes nos sommités politiques, et de la plupart de nos grandes intelligences, détesté par la masse du peuple intelligent, a pu tenir vingt ans sans désordres sérieux, comment la République, servie par nos plus remarquables talents, aimée par l'immense majorité du peuple des grands centres, n'aurait-elle pas le prestige suffisant, une énergie assez patriotique pour assurer la tranquillité, l'ordre public, le respect des lois, des personnes et de la propriété?

La République a donc, à ce point de vue, une facilité incomparable, un moyen puissant d'ordre public inconnu à l'empire : c'est la force morale.

Quelques journaux de bon sens, joints aux communications officielles du gouvernement, seront suffisants pour maintenir dans l'ordre l'immense majorité du peuple.

Si le pouvoir, soucieux des droits du peuple, sait se maintenir en communication constante avec lui par le simple exposé de ses tendances, de ses vues politiques ; s'il lui affirme, par des déclarations sans ambiguité, sa résolution inébranlable de conserver la République et de lui signaler ses périls le jour où elle serait menacée, il peut compter sur la confiance générale et sur le concours quasi universel des citoyens, pour réprimer toute tentative de désordre.

Que le pouvoir entre franchement dans cette voie loyale; les artisans de révolutions tomberont aussitôt en discrédit, parce que leur isolement les fera connaître.

Tout malentendu deviendra impossible entre le peuple et le pouvoir, par suite de la fréquence des communications de ce dernier.

Trois lignes du *Journal officiel* suffiront à l'anéantissement de ces bruits sourds, mensongers, colportés dans la foule, destinés à faire planer des doutes sur la conduite et les intentions des membres du gouvernement, et à amener des manifestations populaires qui, pacifiques selon les intentions du plus grand nombre de leurs auteurs, dégénèrent en désordres graves, en périls sérieux, pour le gouvernement et pour le pays.

Indépendamment de cette précieuse force morale, suffisante pour maintenir le plus grand nombre dans l'ordre, la République possède d'autres moyens, communs à tout gouvernement, pour contenir quelques individualités intrigantes, ambitieuses, égoïstes, et les quelques sujets entraînés à leur suite dans le but exclusif de créer des embarras au pouvoir, de le renverser et de profiter de sa ruine, contrairement à l'intérêt général.

N'a-t-elle pas à sa disposition des lois et des règlements obligatoires pour chaque citoyen, une force publique armée pour contenir dans le cercle tracé par ces lois et règlements, et pour y ramener ceux qui le franchiraient ?

Ne saura-t-elle pas user des pouvoirs remis entre ses mains par le peuple dans cette intention ?

Trop souvent la République a poussé la longanimité et la patience jusqu'à la faiblesse : c'est la véritable cause de sa perte.

Les cruelles leçons du passé doivent l'empêcher aujourd'hui de suivre les mêmes errements. Dans certaines circonstances, le sévérité jusqu'à la répression est un devoir social suprême ; elle ne doit jamais l'oublier.

Un ou plusieurs citoyens fomentent des troubles, excitent le désordre et la sédition ; ils cherchent à renverser le gouvernement.

Est-il juste, est-il légal de ne pas les déférer aux tribunaux, ceux qui n'ont pas craint de porter une main criminelle sur la loi, sur le suffrage universel, cette arche sainte des sociétés républicaines ?

Toute tentative coupable sur les propriétés, sur les personnes ou sur les institutions d'une République, appelle une répression sévère, car le gouvernement républicain est par essence le gouvernement basé sur la justice et sur l'équité ; c'est à cette base si merveilleuse et si simple qu'il doit sa prééminence, son excellence incontestable sur les autres gouvernements.

Et n'est-ce pas un acte de haute justice sociale, sous l'empire du suffrage universel, de déférer aux vœux de la majorité, de faire respecter les lois et les institutions, véritable émanation de la volonté populaire légalement et librement exprimée ?

Mais, dira-t-on, quels juges donner aux auteurs de certaines violences, de certaines agitations ou manifestations tumultueuses, de ces coupables tentatives exclusivement politiques, dirigées soit contre le gouvernement, soit contre les institutions du pays, revêtus de l'inviolabilité sacrée du suffrage universel, pour que ces juges ne soient ni récusés, ni suspectés avec quelque semblant de raison par les prévenus, les inculpés, les accusés et les condamnés ; afin que leurs décisions judiciaires aient ce caractère infamant qui a trop souvent manqué à celles des magistrats qui, nommés, payés et décorés par les monarchies, étaient malheureusement considérés comme des fonctionnaires plus ou moins consciencieux du pouvoir, et non comme des juges souverainement indépendants.

Sommes-nous à la veille de supprimer la prison politique, parce qu'elle va devenir le marchepied de la plupart des intrigants pour obtenir les suffrages du peuple, au lieu d'être un frein à leurs menées intéressées et coupables ?

En un mot, quel sera désormais le sort des auteurs de délits ou de crimes politiques?

Faudra-t-il, conformément aux idées du rédacteur d'un journal très avancé, ne pas les déférer aux tribunaux et ne pas les punir ; leur permettre ainsi d'empêcher à leur gré la confiance de s'établir, d'entraver, d'arrêter la vie commerciale et de tenir la nation tout entière continuellement sur le qui vive, incertaine du lendemain, par conséquent la disposer à se rejeter dans les bras de la monarchie ?

Tolérer de pareils abus, les laisser impunis, serait le fait de monarchistes en quête de troubles pour y puiser une occasion favorable de restauration d'un gouvernement objet de leur prédilection secrète ; cela serait également le fait de quelques ambitieux, de quelques prétendants désireux d'établir son gouvernement sur les ruines de la République. Il s'en est déjà rencontré, et il peut en exister actuellement.

Mais des républicains sincères à la tête d'un gouvernement républicain ne peuvent, sans faillir à l'obligation la plus sacrée, sans trahir la République, les laisser impunis.

Ils doivent, au contraire, faire poursuivre avec la plus grande énergie les fauteurs de ces criminels attentats, qui, en jetant une grande perturbation dans la République, retardent la marche générale de l'idée démocratique, l'avénement du progrès et de la démocratie universelle.

Car les peuples encore sous la férule de la royauté ou de l'empire, inclinés à secouer son joug pour lui substituer des institutions démocratiques, ont les yeux constamment fixés sur les sociétés républicaines. C'est l'absence de ces secousses et de ces ébranlements, et le fonctionnement régulier de la vie politique et sociale dans les gouvernements républicains, qui développent, transforment en réalité pratique leurs velléités républicaines.

S'il est nécessaire de juger, de condamner ou d'absoudre les auteurs des attentats dirigés contre la majesté populaire, à quels juges assez intègres pour n'être pas soupçonnés de corruption, assez raisonnables pour ne pas céder aux passions politiques des sectes désavouées par la conscience générale du peuple, assez compétents pour être à l'abri de l'exception d'incompétence; à quels juges, dis-je, assez parfaits pourra-t-on confier la mission redoutable, supérieure, de juger les délits et les crimes commis contre la chose publique?

Ces juges souverains existent; cette haute cour, dénuée de toute affinité et de toute similitude avec celles que nous avons connues sous l'empire et sous les monarchies précédentes, c'est la nation, c'est le peuple, français lui-même.

Ici le principe « Nul n'est bon juge dans sa propre

cause » reçoit une exception singulière; car, cela est évident, sous la République, sous un pouvoir essentiellement électif et révocable, ses fondateurs, ses soutiens sont les meilleurs juges de l'opportunité, ou de l'inopportunité des tentatives dirigées contre ce pouvoir.

En effet, intéressé au premier degré à son propre bonheur, à la bonne direction de ses affaires politiques, le peuple ne saura-t-il pas bien discerner si les auteurs des tentatives ayant pour but le renversement du gouvernement ont travaillé dans son intérêt et mérité de monter au Capitole, ou s'ils ont agi contre ses intérêts et méritent d'être punis, d'être décrétés d'infamie, d'être repoussés de son sein par une condamnation à l'exil, ou bien encore d'être mis dans l'impossibilité de renouveler leurs tentatives de désordre par une incarcération d'une durée proportionnée à la gravité des circonstances qui les auraient accompagnées ?

Seraient-ils bien venus de se plaindre de leurs juges et de jouer le rôle de victimes, comme l'ont fait trop souvent de véritables fauteurs de désordres, ceux qu'auraient frappés les solennels verdicts de la justice populaire ?

Ne seraient-ils pas démasqués par le peuple lui-même tous les disciples de l'école séditieuse et exaltée, ennemie consciente ou inconsciente de tout ordre social, marchant, sous des dehors ultra-libéraux, à l'arbitraire, à l'anarchie, au dogmatisme politique et social le plus monstrueux ?

Les verrait-on se faire des trophées de leur exil et de leur prison, quand la magistrature populaire aura prononcé la sentence, et couronner leur front de l'auréole du martyr; quand les tribunaux du peuple auront attaché sur ce front l'épithète infamante et méritée de séditieux et de perturbateurs?

Non, les verdicts du peuple leur fermeront la bouche, anéantiront leurs fausses traditions et leur école funeste ; en restituant à la prison publique son caractère honteux et infâmant, ils seront la sauvegarde de l'ordre public, du respect des lois, et par conséquent ils assureront la permanence de la majorité acquise à la République, le maintien de la République elle-même.

CHAPITRE III

Indication générale d'autres moyens pour conserver la majorité et la République. — Application à faire de la devise républicaine : Liberté, Égalité, Fraternité. — Application à faire de la liberté spécialement dans ses différents modes.

Un second moyen très efficace pour ne pas séparer les deux groupes principaux dont l'union essentielle maintiendra la majorité républicaine, les indifférents et les républicains, c'est de faire une application, conforme à leurs idées, à leurs aspirations, du grand principe de la Révolution :

Liberté, Egalité, Fraternité.

Ce ne sont pas là trois mots vides de sens placés sur le frontispice du temple républicain ; chacun d'eux correspond à une réalité politique et sociale ; ils résument admirablement le gouvernement de la République ; ils sont la synthèse admirable des idées démocratiques, la loi et les prophètes.

C'est cette première raison qui m'a déterminé à m'en servir de base pour établir la possibilité de la République.

A celle-là s'en joint une autre excessivement sérieuse, c'est de prouver à la grande masse des indifférents politiques, à nos vaillantes et dignes populations rurales surtout, combien cette immortelle devise a été indignement défigurée par les systèmes et les monarchistes, et quel intérêt puissant les portait à leur en faire un si terrible épouvantail.

C'est de leur démontrer qu'elle porte en elle la condamnation la plus éclatante de la monarchie, l'avénement de la justice, de l'équité gouvernementale, et la régénération si nécessaire de notre chère et malheureuse patrie.

Née de la Révolution de 89, cette divine formule a partagé le sort de sa mère, la grande calomniée ; une réaction diabolique les a revêtues de la peau et du masque d'un monstre avide de désordre, de sang, de carnage et de ruines. Trompé par ces fausses apparences, le peuple s'en est détourné avec effroi. C'est cette peau et ce masque hideux que j'ai cherché à leur arracher, afin de faire comprendre à ce peuple abusé combien sont coupables les instigateurs de cette ignoble supercherie.

Comme tous les principes, cette devise a été et peut être l'objet d'une application relativement ou absolument fausse ; on peut aller en deçà ou au delà de sa véritable signification.

Mais l'application la seule vraie, la seule opportune, est évidemment celle qui est conforme au niveau politique des masses, au sens commun et à l'équité, base commune de toutes les intelligences.

L'humanité, en effet, a été dotée par la nature d'un certain nombre de principes communs ; ce sont les notions du grand, du beau, du juste et de l'injuste gravées au fond de la conscience, sorte de vue intuitive imparfaite du vrai, du grand, du beau, du juste, absolu, éternel; ce sont les principes du sens commun, du droit naturel. Chacun les connaît, les porte en soi; ignorants et savants peuvent en faire une juste application.

Et celui-là fait l'œuvre la plus admirable dans les sciences, dans les lettres et dans les arts, qui fait une application plus juste de ces principes primordiaux.

En politique également, on obtiendra un état, une société plus parfaits en s'en rapprochant davantage. Cela est évident, incontestable. On peut donc considérer comme un axiome certain la proposition suivante : Plus un état politique, plus une société se rapprochera, par ses lois et ses institutions, des principes du droit naturel, du sens commun, plus il sera près de la perfection sociale. Plus les lois et les institutions d'un pays s'écarteront du droit naturel, du sens commun, plus ces lois et ces institutions s'éloigneront de la perfection sociale.

Donc, nécessité absolue de donner à la liberté, à l'égalité, à la fraternité une application conforme au droit naturel et au sens commun, si on tient à la voir approuvée par la grande majorité, si on tient à créer des institutions durables.

Baser des institutions politiques et sociales sur le sens commun, sur le droit naturel, c'est travailler pour le présent et pour l'avenir. Les baser sur des systèmes, sur des idées préconçues, c'est exposer à les voir s'écrouler sous le mépris du peuple revenu au sens commun, auquel appartiendra toujours la dernière victoire, la victoire définitive.

Pourquoi, depuis 89, malgré des efforts inouïs, malgré des luttes terribles, passons-nous de la République au désordre, au chaos, pour retomber dans la monarchie? Pourquoi sommes-nous revenus à la République, et pourquoi sommes-nous encore exposés à revoir la monarchie?

D'où vient cette loi fatale de ne pouvoir conserver les institutions républicaines, sinon du mépris ou plutôt de l'oubli de nos hommes d'Etat, de l'oubli de nos législateurs et de l'oubli trop général des citoyens eux-mêmes, vis-à-vis des principes du droit naturel, du sens commun?

Donc, nécessité absolue de donner à la liberté, à l'égalité, à la fraternité une application conforme aux lumières du sens commun et du droit naturel, si on tient à la voir approuvée par la grande majorité, si on tient à créer des institutions durables, si on veut mettre fin à tous ces bouleversements périodiques, accumulant ruines sur ruines, et menaçant jusqu'à l'existence de la patrie française.

Donner à ce principe, à cette sublime devise une signification pratique à lui attribuée par différentes sectes politiques, c'est vouloir imposer à la masse des doctrines et des pratiques répudiées par elle, le peu qu'elle en sait lui paraissant, à tort ou à raison, impraticable et injuste.

C'est, par conséquent, tuer la majorité républicaine en faisant retomber l'un de ses principaux éléments, c'est-à-dire les indifférents, dans les préjugés monarchiques ; c'est, en un mot, tuer la République.

Je ne fais pas de procès aux doctrines socialistes, communistes et autres ; je n'ai pas à rechercher qui a tort ou qui a raison des économistes prétendant avoir à leur disposition un système politique et social, propre à assurer le bonheur des peuples, et à faire de ce qu'on a appelé la vallée des larmes une délicieuse vallée de Tempé, une sorte d'île des plaisirs.

Je n'ai pas à examiner si ces économistes et leurs adeptes disent vrai, si le peuple pousse la démence à ce degré, de ne point vouloir accepter cette félicité si fort à propos préparée, dont il n'a plus qu'à jouir.

C'est le devoir des hommes convaincus de la vérité pratique, de la fécondité de leurs principes politiques et sociaux, de les enseigner par la parole, par la plume, de les vulgariser et de les faire pénétrer dans l'intelligence de la majorité.

Voilà le seul moyen légal, sous un véritable régime de suffrage universel, de devenir la majorité quand on est la minorité.

Car, sous l'empire du suffrage universel les principes politiques et sociaux s'affirmant par les votes, la majorité ne donnera jamais son appui aux principes incompris ou inconnus d'elle, ni à leurs adeptes, *ignoti nulla Cupido.*

Elle préfèrera toujours conserver ceux dont elle connaît les avantages et les inconvénients par expérience et par raison, que de les remplacer par ceux dont elle a toujours entendu médire, dominée par la crainte de changer, comme on le dit vulgairement, son cheval borgne contre un aveugle.

C'est aux écoles socialistes à le comprendre, leur rôle actuel est tout tracé, puisqu'ils aspirent à implanter leurs doctrines dans la société ; c'est le rôle commun à tous les citoyens vivant librement dans un pays de suffrage universel.

Ecrire pour convaincre la majorité de la supériorité et de l'excellence de leurs systèmes politiques et sociaux, et pour la gagner à leur cause, ou bien considérer leurs théories comme des dogmes indiscutables, les imposer comme articles de foi à la majorité, le cimeterre à la main, le pistolet au poing, à l'instar de Mahomet et de la Terreur :

Ce qui serait la négation absolue de la liberté de penser, leur principe capital, c'est-à-dire une absurdité, digne des temps d'ignorance et de barbarie.

Ce serait nier également le suffrage universel : le peuple est disposé à faire respecter énergiquement les décisions ; ce serait s'exposer à être traduit à la barre de ses grandes assises, à le contraindre à exercer ses devoirs de grand justicier dont j'ai parlé plus haut.

Influence générale de la liberté dans le monde.

Après cette digression préliminaire sur les principes politiques et sociaux réprouvés actuellement de la majorité, sans me faire juge de l'opportunité ou de l'inopportunité de cette réprobation, j'arrive à l'objet véritable de cette partie de mon travail, c'est-à-dire à l'application de la devise républicaine : Liberté, Égalité, Fraternité.

O peuple des villes et des campagnes, je vais faire passer sous tes yeux cette terrible devise, je vais te la faire toucher du doigt ; examine-la bien, et dis-toi si elle a la plus faible ressemblance avec cette bête féroce qu'en ont fait les peintres politiques de l'empire, avec ce minotaure aux appétits insatiables, à la gueule assez large, à l'estomac assez vaste, assez puissant pour y faire entrer et digérer, sans le moindre embarras, la Religion, la Famille et la Propriété !

La liberté ! Quel mot plus magique, plus enraciné dans le cœur et dans l'intelligence humaine ! Entreprise gigantesque, dévouements immortels, sublime héroïsme, martyre surhumain, elle a tout engendré !

Dans le lointain de l'antiquité elle enflammait l'ardeur des Machabées et ceignait leur front du diadème de l'héroïsme.

Chez les Grecs, source intarissable de gloire et de

prodiges, elle inspirait ce mâle courage, suppléant en maintes circonstances à la grande infériorité numérique.

Sous l'énergie de son souffle puissant, Léonidas et ses compagnons accouraient aux Thermophiles avec la résolution d'y mourir ; léguant à la postérité par leur sacrifice, l'exemple le plus chevaleresque du plus pur, du plus beau, du plus grand patriotisme.

A Rome la liberté est pareillement, à divers points de vue, une source incomparable de hauts faits. Elle a fait de nombreuses et admirables immolations dans la société païenne ; elle a donné naissance aux innombrables et inimitables martyrs de la foi dans la société chrétienne.

Dans des temps plus rapprochés de nous, faisant partie de notre histoire nationale, sa prodigieuse fécondité ne s'est pas démentie.

Nous lui devons la glorieuse marche en avant de 89, un peu plus tard l'expulsion de l'étranger souillant notre sol, par une puissante explosion de courage patriotique, occasionnée par elle dans toutes les âmes françaises.

A l'heure même ou j'écris, une voix éloquente fait retentir la province des malheurs de la patrie, et des dangers courus pour sa liberté. Aussitôt la France s'est réveillée de son engourdissement ; elle s'est enrôlée sous la bannière de la République, et les premiers pas de ses soldats citoyens sont marqués par une éclatante victoire.

Cette fois encore espérons-le, la liberté enfantera de

nouveaux prodiges ; elle débarrassera le sol français des hordes étrangères (1).

Malheureusement cette grande influence de la liberté sur les masses, cause génératrice des sentiments et des actes les plus héroïques, a été un des moyens les plus féconds pour les tromper et pour les séduire.

Au nom de cette liberté sainte, des hommes égoïstes, pervers, les ont souvent égarées, les ont livrées à l'anarchie d'abord, ensuite à la tyrannie, sous le prétexte trompeur de les conduire à la véritable indépendance.

C'est pourquoi Bossuet a dit, dans un de ses immortels chefs-d'œuvre : « Quand une fois on a trouvé le moyen de prendre la multitude par l'appât de la liberté elle suit en aveugle, pourvu qu'elle en entende seulement le nom. »

D'où il suit que les conséquences de la liberté seront bonnes ou mauvaises selon le mode d'après lequel elle sera comprise et appliquée dans la société, et que la République actuelle est destinée à périr ou a s'acclimater parmi nous, si l'on fait une mauvaise ou une bonne application du premier terme de la devise républicaine.

(1) Hélas ! lorsque j'écrivais ces dernières lignes, Paris n'avait pas encore capitulé, l'armée de la Loire nous remplissait d'espérances ; j'étais sur le point de partir aux postes avancés pour barrer le passage aux Prussiens. Que de fois mon cœur a saigné en songeant aux malheurs de mon pays ! Mais il me reste cette suprême consolation : s'il y a eu des lâches et des traîtres, j'ai suivi l'exemple de ceux qui ont fait leur devoir. « Fais ce que dois, advienne que pourra. »

En effet, j'ai démontré plus haut la nécessité impérieuse pour maintenir la République, de tenir réunis en un seul faisceau les deux principaux éléments constitutifs de la majorité acquise à la République, les républicains et les indifférents.

Or, on ne fera pas séparer ce dernier groupe du premier si on ne donne pas au mot liberté une application susceptible de lui rappeler les excès commis au nom de la liberté à diverses époques de notre histoire, excès dont les deux groupes ont une égale horreur.

Au contraire, en faisant une application trop large, trop facile de la liberté en la laissant aller jusqu'à la licence mère du désordre et de l'anarchie, on effraiera de nouveau le groupe des indifférents ; il se séparera du gouvernement républicain, considéré par lui comme incapable de maintenir l'ordre, dont il faut une condition *sine qua non* de son adhésion au principe républicain, nous l'avons dit plus haut.

Il tendra les bras, il ira au-devant de quelque aspirant monarque, et pour la troisième fois la fondation de la République aura échoué en France.

Une occasion nouvelle pour la fonder s'offrirait-elle jamais dans des circonstances aussi favorables ? C'est le secret de l'avenir, mais je ne le crois pas !

Après ces considérations sur la liberté en général, examinons et précisons l'application à faire des différents modes de la liberté pour correspondre aux aspirations de la majorité qui accepterait certainement la liberté politique, la liberté individuelle, la liberté de la presse et de la parole, la liberté des cultes et de la conscience, la liberté d'enseignement, mais avec application conforme au bon sens, à la raison et au maintien absolu de l'ordre public.

Au rebours de certaines Églises, de certaines sectes politiques pour lesquelles les différentes manières d'être de la liberté, ne doivent servir qu'à faciliter l'application de leurs principes au détriment de ceux de leurs adversaires, en dépit des notions innées, de la lumière supérieure du sens commun.

De la liberté individuelle.

La majorité acceptera la liberté individuelle, c'est-à-dire le droit pour chaque citoyen, de n'être arrêté, détenu ou incarcéré que dans les cas prévus et selon les formes déterminées par la loi.

La locomotion la plus libre dans l'espace est un droit supérieur aux lois positives ; Dieu l'a donné à l'homme, et, de la fréquence ou de la non fréquence de son exercice, résulte la santé du corps ou le malaise, sinon la maladie.

Ce n'est donc qu'en présence d'un droit plus considérable à sauvegarder, qu'un homme peut être privé de la lumière bienfaisante du soleil et de l'air répandu dans l'espace.

Aussi répugne-t-il à la conscience universelle de voir un homme privé de sa liberté sous des prétextes futiles comme on l'a vu avant la grande Révolution de 89, et même sous les dernières monarchies.

Arrière les bastilles, les lettres de cachet anciennes ou rajeunies par l'empire ! Arrière l'invention des crimes imaginaires, destinés à perdre les citoyens dont la vérité importune, dont la présence, la parole et les écrits auraient pu compromettre la réussite d'une élection ; troubler les fêtes, les plaisirs ou la digestion de Sa Majesté, gêner dans leurs ébats quelques grands dignitaires, ou quelques dames de haut parage, de haute lignée !

Qu'ils soient à jamais maudits ces souverains, ces ministres absolus, ces dépositaires corrompus de la puissance publique, continuateurs exécrables des traditions sinistres de celui à qui Racine fait tenir ce langage odieux :

> L'insolent devant moi ne se courba jamais.
> . . . .
> Et toute ma grandeur me devient insipide,
> Tandis que le soleil éclaire ce perfide.

La majorité républicaine réprouve et condamne tous les attentats égoïstes et arbitraires, contre la liberté. La loi seule, clairement rédigée, sagement comprise et appliquée, c'est-à-dire avec toutes les formes prescrites : voilà selon elle la seule puissance admise à priver un homme de sa liberté individuelle.

De la liberté de la presse et de la parole.

La liberté de la presse et de la parole fait aussi partie des vœux de la majorité ; elle la désire pleine, entière. Mais comme compensation elle réclame le droit de pouvoir infliger les peines les plus sévères aux auteurs convaincus de toute calomnie dirigée contre le gouverment comme contre le plus humble des citoyens.

J'ai dit pouvoir infliger, parce qu'il est juste de laisser à la partie lésée le droit exclusif de poursuivre le calomniateur. Elle méprisera la calomnie, ou la déférera aux tribunaux si elle le juge nécessaire ; car la meilleure sauvegarde de l'honneur, le meilleur juge de l'inutilité ou de l'utilité des poursuites, c'est la personne lésée elle-même.

Quelquefois, en effet, la poursuite ferait trop d'honneur à certaines individualités. Ce serait jouer le jeu de médiocrités intrigantes auxquelles l'éclat et le scandale sont nécessaires pour arriver, comme l'onde est indispensable au poisson pour la conservation de sa vie.

Au surplus, n'est-il pas des calomnies vulgaires, malsaines, dont les auteurs, misérables et tarés, ne valent pas la moindre démarche d'honnête homme, celle-ci étant quelque chose, tandis qu'ils ne sont rien !

Ce sont des vauriens.

En réclamant pour elle le droit exclusif de veiller à la conservation de son honneur, la majorité demande la conservation d'un de ses principes, le maintien absolu de la propriété, dont il sera question ci-après. C'est le droit d'user et d'abuser, *jus utendi et abutendi*.

Car n'est-ce pas une propriété, la plus précieuse entre toutes, cet honneur, inaccessible aux coups hasardeux de la fortune, tandis que la richesse est à la merci des événements ?

Voilà pour l'individu.

Maintenant, les membres du gouvernement, comme les simples particuliers, doivent-ils être investis du droit exclusif de poursuivre ou de mépriser les auteurs des calomnies dirigées contre leurs actes publics ou privés ?

Si la calomnie s'adresse à la personne privée, leur droit est identique à celui des particuliers.

Si, au contraire, ils sont attaqués dans leurs actes publics comme membres du gouvernement, le bon sens, la logique inclinent à considérer comme un devoir public la nécessité de poursuivre.

Laisser un libre cours à la calomnie ayant pour objectif les actes publics d'un homme d'État, ne serait-ce pas, en effet, exposer le pays à le déconsidérer, à se priver des services d'un citoyen digne de ses suffrages, et à l'éloigner de affaires publiques contre l'intérêt général ?

D'ailleurs, la licence impunie en écrits et en paroles n'engendre-t-elle pas la licence dans les actes, source inépuisable du désordre, si favorable aux aspirants monarques et à leurs amis pour rétablir les trônes sur les ruines de la République ?

Accordons donc à la majorité la liberté de la presse et de la parole selon ses vœux, cette liberté incitant au bien, à la vertu, en assurant l'ordre général.

Sachons proscrire à tout jamais de la République la licence effrénée qui tue l'honnêteté, arrête, paralyse l'élan et les dévoûments patriotiques, protége le coquin contre l'honnête citoyen, ramène infailliblement l'anarchie, le chaos, c'est-à-dire le commencement de la monarchie et la fin de la République.

Liberté de conscience et des cultes.

Je réunis la liberté de conscience et la liberté des cultes, parce que je considère comme inséparables ces deux formes de la liberté.

Où existe la liberté de conscience existe nécessairement la liberté du culte. Celle-ci est à celle-là ce qu'est la liberté de la parole à la liberté de penser.

En effet, le culte n'est-il pas la manifestation, l'expression de la croyance ? et comprendrait-on la liberté de conscience sans la faculté de manifester, de traduire cette croyance, c'est-à-dire sans la liberté du culte ?

D'après le niveau religieux actuel de la majorité, la liberté la plus entière doit être laissée à la conscience, par conséquent à la liberté du culte. Elle y apporte pour seul correctif celui résultant de nos mœurs, de nos lois et de nos institutions.

Nous sommes loin de ces temps malheureux où les citoyens, égarés par les passions religieuses adroitement surexcitées, magistralement exploitées au profit de la politique, se ruaient les uns sur les autres les armes à la main.

Ces convictions farouches et dangereuses ont fait place à des convictions plus pures, dont la tendance générale est un certain respect des croyances individuelles, basé sur la liberté de penser, sinon sur l'indifférence en matière de religion.

Aussi les Guises et l'amiral de Coligny doivent-ils amèrement regretter leurs luttes sanglantes et fratricides, en voyant leurs successeurs respectifs se donner la main avec affabilité, faire partie de l'Académie française, se rendre des visites d'amitié, assister à des banquets fraternels et porter des toasts réciproques à la santé les uns des autres.

L'état général des esprits ayant cette pente aujourd'hui, le moyen le plus efficace de ne pas le froisser et de faire une application opportune de la liberté de conscience et des cultes, c'est de laisser les choses à ce point de vue dans un *statu quo* absolu.

Laissons croire en Dieu et à l'immortalité de l'âme. Permettons à ceux qui ont foi en la Providence d'avoir une maison spéciale et de s'y assembler et d'y prier en commun.

Qu'ils y chantent en toute liberté, sur tous les tons, les psaumes immortels où le roi David a célébré la grandeur et la puissance de l'Être suprême.

Que le juif, le protestant, le mahométan et toutes les sectes religieuses, dont les pratiques ne peuvent en aucune manière blesser les mœurs et les institutions du pays, puissent croire, affirmer et pratiquer leur foi par l'exercice relativement libre de leur culte.

Cette tolérance si naturelle pourra déplaire à quelques athées, à quelques déistes instruits mais farouches. Elle ne sera pas goûtée de certains orateurs ignares des clubs et des réunions publiques, ces docteurs improvisés en la science infuse démocratique, pouvant discuter *de omne re scibili et de quibusdam aliis,* sans avoir jamais rien appris; ayant eu pour seule école supérieure la salle du marchand de vins, pour bibliothèque son comptoir, et, au lieu de livres, des verres d'absinthe, des demi-setiers et des chopines en quantité considérable.

Supérieurs à ce point de vue à Pio de la Mirandole lui-même, car s'il se flattait de discuter sur tout ce qu'on peut savoir et même sur autre chose encore, c'était après de longues et laborieuses études, qui avaient fait de lui l'homme le plus érudit de son époque.

Ces messieurs préféreraient la fermeture des églises, la destruction des couvents, l'anéantissement, *per fas et nefas*, des curés, des moines et des sœurs de Saint-Vincent-de-Paul, qualifiant les unes d'inutilités et les autres de parasites.

Mais la tâche principale du gouvernement ne consiste pas à suivre aveuglément les entraînements d'une école, d'une secte ; la majorité seule est le véritable fanal destiné à éclairer et à régler sa marche.

Or, les doctrines draconiennes dont je viens de parler sont préconisées par un petit groupe composé de quelques savants et d'un plus grand nombre d'ignorants. Au rebours, les principes de tolérance et de liberté religieuses sont défendus par des intelligences égales, sinon supérieures, à celles des chefs de l'école opposée, et par la partie la plus saine et la plus nombreuse du peuple lui-même.

Donc, sachons éviter les exécutions sommaires réclamées par l'ignorance et la passion, sous le masque de la science, au nom de l'anéantissement des préjugés.

Le triomphe de la vérité, en philosophie comme en politique, la destruction des préjugés de l'un et de l'autre ordre, n'a jamais été dû à la violence, à la force brutale.

Il est sorti, il sortira de l'instruction, de la science, de la liberté et du temps, qui est pour ainsi dire son aïeul, car il est l'auteur commun de l'instruction, de la science et de la liberté.

Voilà ses quatre véritables sources, jusqu'à l'institution du suffrage universel.

L'avénement de celui-ci a formé la cinquième, où

viennent aboutir les quatre premières comme en un immense bassin collecteur, destiné à maintenir, à élever le niveau intellectuel et moral de la société.

Républicains sincères, sachons respecter jusqu'aux préjugés touchant à la conscience et à la religion; répandons à flot la lumière et l'instruction, afin de les mieux faire connaître; confions au temps lui-même la mission spéciale de les marquer du coin de la caducité et de les faire disparaître.

Nous éviterons ainsi à la République de nombreux écueils, de formidables dangers.

Car toucher à la liberté de conscience, c'est marcher sur un volcan, c'est devenir semblable à l'enfant qui joue avec des allumettes dans un immense magasin de poudre!

Liberté de l'enseignement; son excellente influence.

Une autre forme de la liberté, c'est la liberté d'enseignement, dont l'application sincère, large, consolidera certainement la République, à cause des conséquences heureuses qu'elle engendrera.

En France, cela n'est pas douteux, si quelques esprits y sont opposés, la grande majorité la désire, malgré les efforts déployés par la monarchie pour en empêcher l'avénement.

On ne veut plus du monopole, il est condamné à

disparaître, qu'il s'appelle commerce ou instruction parce qu'il a toujours exclusivement servi les intérêts de quelques uns, au préjudice du plus grand nombre.

Il est suranné, il est caduc comme la monarchie elle-même; monarchie ou monopole c'est tout un.

A cet égard le rôle de la République est tout tracé: elle encouragera ce mouvement des esprits relatif à la liberté d'enseignement.

Peut-elle ne pas se féliciter de cette communauté parfaite d'aspiration existant entre elle et la majorité, et de l'appui de cette dernière dans une question de cette importance ?

La République n'est-elle pas essentiellement l'adversaire, l'ennemie du monopole? Sa constitution n'en est-elle pas la négation absolue, puisque le pouvoir, l'exercice de la puissance publique, véritable monopole sous la monarchie, sont des choses communes à tous sous les institutions républicaines par le jeu régulier du suffrage universel?

Une autre raison décisive pour favoriser en France l'établissement de la liberté d'enseignement, ce sont les progrès féconds devant résulter nécessairement de la concurrence et de l'émulation auxquelles elle donnera naissance.

Ce qui se passe au point de vue commercial aura infailliblement lieu pour l'instruction.

Avec le monopole commercial, la concurrence n'existe pas. Aussi les marchandises sont plus rares, inférieures en qualité et d'un prix plus élevé.

A peine la concurrence établie, aussitôt s'accentue

un mouvement de baisse sur le prix, et la nécessité de la qualité est inhérente à la vente. Les efforts de chaque concurrent se multiplient pour présenter des marchandises d'une qualité égale, sinon supérieure, d'un prix égal, sinon inférieur à la qualité et au prix des marchandises de ses coconcurrents.

En somme, plus grand choix de marchandises et meilleur marché.

Avec le monopole de l'instruction, il s'établit dans l'esprit des professeurs une sorte d'immobilité, de routine échappant au contrôle des inspecteurs, parce que la généralité est en proie à ce mal.

Une intuition secrète du professeur lui en donne l'assurance, sa négligence restera inconnue si elle ne devient extrême ; joignez-y l'instinct si puissant chez l'homme contre l'effort et la gêne, vous obtenez pour l'enfant, destiné à devenir un homme, une instruction moins étendue, une culture moins féconde, par conséquent un développement incomplet de ses facultés intellectuelles.

Double et triple inconvénient, double et triple malheur peut-être, pour lui, pour sa famille et pour son pays !

Au lieu de ce monopole énervant, ayez une grande liberté d'enseignement.

A cette somnolente indifférence dont je viens de parler succédera une généreuse émulation de professeur à professeur, émulation partagée par les élèves.

Les professeurs laïques et leurs élèves voudront l'emporter sur les professeurs congréganistes et leurs élèves. Ceux-ci feront des efforts, sinon pour surpasser, du moins pour se tenir au niveau de ceux-là.

Et ne résultera-t-il pas de ces tournois de la pensée, de ces luttes continuelles de l'intelligence, l'épanouissement, le développement complet des falcutés de l'enfant ?

Un tel régime pour l'enseignement, c'est la possibilité pour la France de voir surgir de nouvelles gloires dans son sein, et de n'être plus réduite à l'humiliante extrémité de choisir la plupart de ses plus brillantes illustrations parmi des talents d'une médiocrité absolument inconstestable.

Oui, conviez tous les hommes de bon vouloir et de capacité au grand banquet de l'instruction. N'imitons pas certains religiophobes qui, dans le délire d'une haine inexplicable, préféreraient confier l'instruction et l'éducation de l'enfant et du jeune homme à des mains inhabiles et ignorantes, au lieu d'en charger un homme de cœur, plein de science et de dévouement, mais revêtu d'une sontane. Ne faisons pas de la question la plus grande, la plus capitale, une ridicule et misérable question de coupe d'habit.

Quel homme de bonne foi, quel esprit impartial ne se trouverait pas heureux et honoré d'avoir pour professeurs des esprits de la trempe de Lamennais, de Lacordaire, du père Gratry et du père Hyacinthe ?

Est-ce que les cours de la faculté de théologie à la Sorbonne sont inférieurs, au point de vue du talent des professeurs, à ceux de la faculté des lettres et des sciences ?

Lorsqu'il s'agit de donner des maîtres à l'enfance, à la jeunesse, à l'avenir du pays, afin d'en faire des hommes, la forme des habits ne peut être trop étrangère au choix des aspirants à ce sarcerdoce de l'enseignement. Une seule marque distinctive, un seul *criterium* doit nous servir à fixer des choix si importants : la moralité et la capacité des candidats.

Je ne saurais trop le répéter, laissons de côté la question frivole de la couleur et de la forme des habits ; mais demandons un compte sévère à tout homme désireux de travailler à former le cœur et à développer l'intelligence de la jeunesse.

Que personne ne franchisse à l'avenir le seuil du temple de l'enseignement sans avoir à sa disposition un bagage scientifique, historique et littéraire en rapports avec les fonctions auxquelles il sera appelé.

Arrière les vieilles traditions du favoritisme monarchique. Un jury d'examinateurs républicains n'a pas de tablettes pour indiquer les noms des candidats le plus chaleureusement et le plus solidement appuyés.

Sur ces tablettes on y place une seule chose après l'examen : le nom des candidats dans l'ordre du mérite.

A ceux-là seuls, l'entrée facultative du temple de l'enseignement. Quant aux autres : *Vade retro*.

Voilà l'équité républicaine, voilà les procédés dont il ne faut pas se départir si on veut ne pas s'exposer à éveiller dans la majorité des susceptibilités dangereuses pour la République elle-même !

Laissons de côté les petites passions, les masquines rancunes personnelles contre la livrée religieuse. Si nous avons souffert l'injustice, les vexations arbitraires de quelques prêtres inintelligents, aucun devoir civique ne nous oblige à user de représailles.

Au contraire, un devoir social suprême nous incombe : concourir dans la mesure de nos forces au développement complet du capital intellectuel de notre patrie.

Or, nous ne donnerons à ce développement les limites du possible, qu'en confiant à tous les plus capables, à tous sans exeption, l'instruction de nos générations nouvelles.

CHAPITRE IV

Application à faire des divers modes d'égalité pour maintenir la majorité républicaine. — Parallèle entre l'égalité et la liberté.

Le second terme de la devise républicaine, s'il n'a pas une puissance égale à la liberté pour faire battre le cœur, pour donner ces transports de l'enthousiasme qui provoquent dans les âmes le plus mâle courage, les plus héroïques résolutions, l'égalité n'est pas moins un de ces mots féconds, sur lesquels l'activité de l'esprit humain s'est beaucoup exercée, une sorte de matière première sur laquelle ont voulu travailler les philosophes et les hommes politiques.

Une différence radicale les sépare néanmoins.

L'homme aspire instinctivement à la liberté; il est né pour en jouir, comme l'oiseau pour voyager dans les airs, soutenu par ses ailes.

Dans le lointain des âges, il a donné son sang pour la conserver. Nos pères, encore barbares, en comprenaient déjà l'inestimable prix; ils préféraient la mort à la servitude étrangère.

A peine le flambeau de la renaissance était-il apparu sur l'horizon nuageux des siècles d'ignorance et de barbarie du moyen âge, dès le XVIe siècle, La Boétie écrivait son *Traité de la Servitude volontaire*, chef-d'œuvre incomparable en son genre, condamnation sanglante, impitoyable, mais bien méritée, du principe monarchique.

L'égalité, au contraire, semble essentiellement opposée à la nature humaine. Inégalité dans les avantages physiques, inégalité dans la possession et la jouissance des biens de la fortune : c'est la physionomie générale des sociétés depuis le berceau de monde.

Proclamée comme une nécessité, comme une conséquence fatale de la chute originelle par la philosophie chrétienne, l'inégalité des conditions et l'égalité elle-même demeurèrent longtemps enfermées dans le domaine théologique.

Un peu avant l'immortelle manifestation de 1789, quelques rares esprits, secouant la poussière de la routine, crurent entrevoir la possibilité de l'égalité sociale.

Au XIXe siècle, siècle par excellence de l'égoïsme et de la philanthropie, parurent de nombreux ouvrages renfermant des systèmes sociaux complets dont l'égalité était la base.

Leurs auteurs crurent avoir trouvé la panacée universelle destinée à guérir les maux présents et à venir des sociétés humaines, à l'instar de ces onguents débités sur nos places publiques par certains industriels. Leur doctrine mise en pratique, c'était le monde avec ses misères et ses cruelles souffrances transformé tout à coup en paradis terrestre !

A tort ou à raison, la grande majorité du peuple ne voulut pas croire et ne croit pas encore à l'efficacité du remède.

Sauf une bien minime partie de la population urbaine, l'immense majorité de la nation française paraît repousser avec effroi ces théories égalitaires.

Or, voulez-vous jeter l'épouvante et le désespoir dans l'âme de ces indifférents en politique, dont l'union intime avec les républicains assurera l'établissement normal de la République?

Désirez-vous, selon l'énergique expression de Tacite, tuer d'un seul coup cette République, lui plonger un poignard dans le cœur?

Parlez aux indifférents d'appliquer à notre société les théories socialistes de Proudhon, de Fourier, du Père Enfantin, ou même de Cabet.

Aussitôt ils appelleront à deux genoux un nouveau sauveur pour les préserver des mains des rouges et des partageux.

Et Dieu sait avec quelle promptitude un nouveau prétendant mettrait le pied sur la tête de l'hydre, et tuerait la troisième, sinon la dernière République française!

Donc, laissons de côté, pour le moment, les théories égalitaires; donnons au second terme de la devise républicaine une signification pratique en rapport avec le niveau politique actuel du plus grand nombre.

Voici une application de l'égalité dans ses principales formes. Je la considère comme un grand progrès républicain. Elle sera certainement bien accueillie des indifférents et des républicains, parce qu'elle est conforme au sens commun, aux principes de justice de la conscience universelle et de la conscience particulière.

Égalité devant la loi.

S'il y a quelque chose de nécessaire sous un gouvernement républicain, c'est l'égalité devant la loi, expression fidèle de l'idée de justice, base de toute institution républicaine.

Répudiant l'égalité des conditions sociales préconisées, exaltées dans les ouvrages dont nous avons parlé, la majorité applaudira à une application sincère de l'égalité légale.

Personne en dehors des lois, nul n'échappant à leur action ; c'est le vœu général.

Les lois fiscales, les divers modes d'impôts, les lois pénales, criminelles, doivent être appliquées dans une proportion équitable, sans aucune distinction d'origine, de naissance et de qualité.

Les immunités et les franchises créées par la féodalité, condamnées par la première révolution, rétablies par la monarchie sous une forme nouvelle, doivent être anéanties pour jamais sous un gouvernement démocratique.

Arrière donc les hautes cours des monarchies. Plus

de ces tribunaux de haute convenance, permettant à des amis d'être juges de leurs amis coupables, et de les soustraire légalement à la vindicte publique, à la sanction des lois, par des arrêts dus à la sympathie, à l'esprit de corps, aux nécessités politiques ou dynastiques, sinon à la cupidité.

Aux citoyens coupables de délits ordinaires, les tribunaux ordinaires; aux grands coupables, quels que soient leur nom, leur titre, leurs fonctions, les tribunaux communs à tous les citoyens accusés des mêmes crimes.

Plus de privilége légal assurant l'impunité aux fonctionnaires prévaricateurs du gouvernement. Plus d'obstacles, plus de ces interminables formalités. Plus de ces fins de non recevoir créées pour rendre impossible la poursuite de ces fonctionnaires : moyen infaillible pour faire fleurir l'arbitraire et l'absolutisme.

Que chacun acquitte, en raison de ses facultés, l'impôt en nature, l'impôt en argent, l'impôt du sang, quels que soient sa naissance, son rang, ses fonctions, ou ceux de ses parents, de ses amis dans le gouvernement de la République.

Je reviendrai sur ce dernier point dans la partie de mon travail relative à l'application de l'impôt dans ses formes diverses.

L'égalité devant la loi, ainsi comprise et appliquée, c'est l'avénement désiré d'un état politique et social basé sur la justice, c'est un éclair traversant l'intelligence des indifférents en politique.

La justice distributive, chacun le comprendra, devoir impérieux de la souveraineté, a toujours été un vain mot pour la monarchie.

La République, au contraire, apparaîtra sous son véritable jour ; elle sera considérée comme le gouvernement créé dans l'intérêt du plus grand nombre, au rebours des monarchies, toutes instituées pour l'exploitation des masses, dans l'intérêt exclusif de quelques individualités.

Égalité des impôts.

ÉGALITÉ DE L'IMPÔT EN NATURE.

Les trois formes de l'impôt étant l'impôt en nature, l'impôt en argent et l'impôt du sang, je vais indiquer de quelle manière on pourrait l'appliquer dans d'égales proportions, et selon les vœux de la majorité.

L'impôt en nature, si usité durant la féodalité, a complétement disparu. Toutefois, on en trouve des vestiges dans les quêtes non obligatoires faites par les curés et les instituteurs, dans certains départements, à certaines époques de l'année. Après les vendanges, dans les pays vignobles ; aux environs de Pâques, dans les localités adonnées à la culture des céréales.

Toutefois, des communes rurales acquittent encore

aujourd'hui l'impôt en nature, en fournissant et en conduisant à destination une certaine quantité de pierres ou de sable destinés à l'entretien des chemins. C'est ce qu'on appelle les corvées ou les prestations.

La répartition de ces corvées remet en mémoire la corvée du serf taillable et corvéable à merci. Quoique générale, elle semble peser d'une manière spéciale sur le travailleur, sur ses instruments de travail, sur ses animaux domestiques.

L'introduction des principes de justice républicaine dans le mode de distribution de ces corvées, cette juste réparation trop longtemps attendue, augmentera les sympathies du travailleur pour le gouvernement républicain.

Je me contente de ces quelques mots sur l'impôt en nature, tombé en désuétude; j'arrive au principal impôt et à l'impôt géant : l'argent et le sang.

ÉGALITÉ DE L'IMPÔT EN ARGENT.

Avant de critiquer la base de l'impôt en argent et d'en indiquer une autre, j'ai besoin de poser un principe évident sur lequel reposeront mes critiques, et la justification de la nécessité de donner à cet impôt une nouvelle base.

Il existe des lois et des droits antérieurs et supérieurs aux droits et aux lois positifs. Cet ensemble de lois et de devoirs émanés de l'intelligence suprême elle-même, et gravés au fond de la conscience et du cœur humain, se nomme droit naturel.

Quels que soient les efforts, l'intelligence d'un législateur humain, il est fatalement contraint de s'appuyer sur les principes du droit naturel, s'il tient à édicter des lois équitables, approuvées par la raison, par le sens commun.

La société la plus parfaite serait, sans conteste, celle dont les lois naturelles seraient la base.

Or, on peut considérer comme mathématiquement vrai le principe suivant énoncé précédemment :

Plus les lois d'une société se rapprocheront du droit naturel, plus ces lois, plus cette société seront voisines de l'idéal de la perfection sociale.

Plus les lois d'une société s'éloigneront du droit naturel, plus ces lois, plus cette société s'enfonceront dans l'ornière de l'imperfection sociale.

Examinons donc, à la lumière de ce principe, l'état actuel de l'impôt en argent, et les modifications à lui faire subir pour le mettre en harmonie avec les principes primordiaux du droit naturel.

On rencontre dans l'application de cet impôt les inégalités, les injustices les plus révoltantes, unies à des apparences d'équité.

Basé sur l'importance de la propriété mobilière et immobilière, son application actuelle est néanmoins une monstruosité, car c'est la subordination du droit naturel aû droit positif.

En effet, l'homme n'apporte-t-il pas, en naissant, le droit souverain et le devoir supérieur de veiller à sa conservation? Et les principaux moyens de conservation de l'existence ne sont-ils pas le logement, le vêtement, l'air pur et la nourriture?

Or, n'est-il pas monstrueux de voir notre société, particulièrement la société française, lui faire payer le droit de s'abriter dans une chaumière contre l'inclémence des saisons, contre les rigueurs meurtrières de la température?

Cette maison, produit de ses sueurs ou du travail de son père dont il aura recueilli l'héritage, il a le droit d'y entrer puisqu'il a le droit de s'y abriter. Il a pareillement le droit d'y faire pénétrer la lumière, les rayons bienfaiteurs du soleil qui éclairent et qui échauffent. Même droit pour l'homme, droit supérieur et incontestable, d'y respirer un air pur, si nécessaire au soutien de sa vie, dont le Créateur lui a confié la garde comme son premier devoir.

Or, qu'a fait le législateur humain en présence de ces droits supérieurs, lui dont la mission sociale bien comprise consiste à mettre le plus possible ses lois positives en harmonie avec les lois naturelles?

Notre souverain maître à tous, hommes d'État, rois, empereurs au sujets, a conféré à l'homme le droit incontestable à un abri contre la rigueur du froid, à la jouissance de la lumière et à la circulation d'un air pur dans cet abri.

Cette maison, cette lumière, cet air de l'espace l'homme y a droit par suite de sa constitution intime, de ce merveilleux organisme de ce chef-d'œuvre de la nature, dont les proportions et les avantages si admirables lui ont valu le titre de roi de la création.

Au mépris de tous ces droits suprêmes, le législateur humain a placé un impôt sur les ouvertures pratiquées par l'homme dans sa demeure pour y entrer et pour en permettre l'accès à l'air, à la lumière et à la chaleur vivifiante du soleil; pour en faire sortir la fumée du foyer destiné à préserver ses membres de l'engourdissement meurtrier du froid glacial de la mauvaise saison.

C'est l'impôt des portes et fenêtres et l'impôt du droit de cheminée.

Ainsi voilà qui est clair :

La nature a dit à l'homme : Tu n'es pas un enfant de ténèbres, jouis de la lumière et de l'éclat merveilleux de mon soleil.

Soustrais ton corps aux influences pernicieuses de la température, construis-toi une demeure, c'est ton droit, c'est ton devoir.

Une atmosphère viciée est un danger pour ton existence; pratique des ouvertures pour donner un libre passage à la fumée et aux mauvaises odeurs, c'est ton droit absolu et ton devoir impérieux.

Le législateur humain, méprisant les lois et les ordres de la nature, a dit à l'homme :

Pour entrer dans cette maison destinée à te préserver des pluies et des frimas, tu me paieras un droit dont je fixerai l'importance chaque année.

Il en sera de même si tu y pratiques des ouvertures soit pour jouir de la lumière du soleil, soit pour en purifier l'atmosphère.

Et dire que cette subordination du droit naturel au droit positif, que ce mépris de l'homme législateur pour l'œuvre divine existe depuis si longtemps!

Ils existent, malgré les hommes d'État croyants qui ont gouverné la France, malgré la Révolution de 89, malgré la Révolution de 1848; toutes deux reconnaissant des droits, des devoirs antérieurs et supérieurs aux droits ou devoirs positifs.

Tant est puissant l'esprit de routine, tant l'intelligence humaine se sépare difficilement des usages et des traditions! Tant les satisfactions égoïstes de la domination affaiblissent en nous les notions du juste et de l'injuste du sens commun!

En outre, les patentes imposées à l'ouvrier laborieux, cherchant à s'affranchir du servage de l'atelier; les droits établis sur les principes essentiels d'alimentation : le vin, le pain, les œufs, le beurre, la viande, le sel; tout cela ne ressemble-t-il pas à une sorte de conspiration ourdie par la monarchie et les grands pour maintenir le pauvre dans la misère?

Le serf attaché à la glèbe ayant disparu avec la monarchie féodale, la monarchie semble avoir voulu créer le serf de la misère, en retirant à l'ouvrier par d'habiles manœuvres légales, la majeure partie du fruit de son travail.

SA SEULE BASE LÉGITIME EST LE REVENU, C'EST-A-DIRE CE QUI N'EST PAS INDISPENSABLE POUR VIVRE.

On dit, il est vrai que l'homme appelé à jouir des grands bienfaits de la vie sociale doit donner quelque chose en retour à la société dont il est membre, à cause des avantages et de la protection dont il jouit au sein de cette société.

En d'autres termes, il faut des impôts et des imposés, et une base, une assiette de l'impôt.

Oui, il faut des impôts et des imposés; mais ces impôts ne doivent pas être comme ceux dont j'ai parlé tout à l'heure, la négation ni même la restriction des droits conférés à l'homme par le Créateur lui-même. Législateurs, il faut respecter les volontés de la nature; c'est le seul moyen d'édicter des lois respectables, ayant leur justification dans la conscience individuelle et dans la conscience universelle.

Voici, selon moi, la véritable base de l'impôt en argent.

Au lieu d'être basé sur toute propriété, même sur celle nécessaire à l'homme pour sa conservation; l'impôt doit reposer exclusivement sur les possessions qui ne lui sont pas indispensables pour conserver son existence, c'est-à-dire celles dont l'absence prive l'homme de certains plaisirs nullement nécessaires au soutien de sa vie et de son élévation morale.

Où commencera le superflu, là commencera l'impôt.

Avec dix, vingt, cent fois le nécessaire à la vie, on paiera un impôt dix fois, vingt fois, cent fois supérieur qu'avec le simple nécessaire.

C'est, en un mot, l'impôt progressif, l'impôt sur le revenu.

Voilà la véritable base de l'impôt, la seule équitable.

C'est l'anéantissement de ces lois hideuses et injustes, derniers vestiges de la féodalité et de la monarchie.

On ne verra plus l'humble cultivateur et le journalier lui-même payer un impôt comme propriétaires de quelques lambeaux de terre, et des gros fonctionnaires exonérés d'impôts tout en touchant un traitement s'élevant, sous l'empire et sous les monarchies précédentes, à 10,000, 20,000, 50,000, 100,000, 200,000 et 300,000 francs

L'ouvrier désireux de s'affranchir du joug de l'atelier, ne sera plus contraint de donner à l'État, sous le couvert d'une patente, une partie du fruit de son labeur; de payer le droit de se servir de ses outils dans sa chambre et d'y faire des travaux dont le produit intégral est indispensable pour lui procurer le pain quotidien et celui de sa famille.

Conformément aux vœux de la nature, du droit naturel, le travail nécessaire à la vie, sera libre, sans entrave aucune, à l'atelier comme dans l'humble local de l'ouvrier.

Est-ce que les labeurs de l'ouvrier, est-ce que le fruit de son travail ne devraient pas être exonérés d'impôt, puisque le travail du fonctionnaire en est exempt?

Si le fonctionnaire a été l'objet d'une telle sollicitude, je me demande pourquoi elle ne s'est pas étendue à tous les travailleurs sans aucune exception?

Mais, je l'ai déjà dit, l'égalité a toujours été une vertu inconnue à la monarchie; sous ce régime, la faveur prime tous les principes d'équité, de justice distributive!

En voulez-vous une preuve nouvelle, accablante? La voici: l'argent fourni en impositions de toute nature par les grands, leur rentre intégralement comme traitements d'une grasse sinécure, comme émoluments d'importantes fonctions.

Ils versent dans la caisse publique leurs impôts de la main gauche, ils les en retirent de la main droite comme fonctionnaires.

Très souvent le chiffre de l'impôt est très inférieur au chiffre des émoluments!

Quant à l'ouvrier, ou cultivateur, ou vigneron, quant à tous les travailleurs; ils versent de la main gauche et de la main droite dans ce trésor public sans y puiser un sou, un liard, une obole, un denier.

Cette nouvelle base si équitable de l'impôt intéressera à la conservation de la République ces nombreux indifférents de la politique, ces vaillantes populations agricoles, victimes jusqu'ici des promesses fallacieuses de la monarchie.

Alors leurs yeux s'ouvriront à la vérité; ils seront heureux de se serrer autour du gouvernement républicain, honteux d'avoir si longtemps et si bénévolement travaillé aux satisfactions égoïstes des monarchies qui, sous prétexte de les protéger et de les rendre heureux, ont seulement songé à en tirer profit.

Semblables en cela, au propriétaire d'un troupeau ou d'un cheptel dont le seul but, en assurant leur conservation, est de leur faire produire davantage pour satisfaire plus facilement ses appétits fantaisistes, ses insatiables désirs des richesses, du luxe et de la superfluité.

M'objectera-t-on que charger le riche seul du fardeau de l'impôt serait une mesure excessive, pouvant donner lieu de sa part à de justes récriminations?

Qu'il se plaigne, je n'en serai pas étonné; l'habitude de la faveur l'a disposé à mal accueillir les mesures légitimes, d'intérêt plus général, que celles en vertu desquelles il jouit de tant de franchises, de tant d'immunités.

C'est là un sentiment d'égoïsme, c'est un écho grossier sorti des profondeurs hideuses du moi.

Mais en se rappelant les principes éternels du droit primordial, il se rendra aussitôt à l'évidence, il approuvera ma nouvelle base de l'impôt en argent.

Il se dira :

Cette nouvelle loi m'enlèvera, chaque année, une certaine partie de mon revenu; il m'en restera encore suffisamment pour réaliser de belles économies.

D'ailleurs, il est plus équitable de faire remplir les caisses publiques par ceux dont le revenu est plus que suffisant pour leur permettre une existence luxueuse, que de demander de l'argent à celui dont les propriétés et le travail opiniâtre sont à peine suffisants pour lui procurer le pain quotidien et celui de sa famille.

La brutalité égoïste seule peut inspirer un autre langage, et ce n'est assurément pas de ces instincts bestiaux dont le législateur doit s'inspirer pour édicter des lois ; son véritable guide, c'est le sens commun, le droit naturel : *Digitus Dei est hic.*

SINGULIÈRE ATTITUDE DU CLERGÉ EN PRÉSENCE DE CETTE INIQUITÉ FLAGRANTE DE L'IMPÔT EN ARGENT.

Je l'avoue à mes lecteurs, je ne puis me défendre d'un profond sentiment de tristesse en dévoilant ces injustices, ces inégalités exclusivement profitables aux riches et aux grands ; je considère comme bien coupables ou bien légers, ou comme trop amis de la vieille routine les initiateurs et les continuateurs de ces lois bizarres.

Mais ce qui accroît mon étonnement et ma tristesse, c'est le rôle effacé du clergé dans des questions de cette importance. Quand le peuple souffre des injustices, des iniquités des grands; quand la société marche à une ruine certaine par le vice de ses lois, de ses institutions, n'est-ce pas à l'indépendance chrétienne des ministres de l'Evangile à réagir contre ces tendances, à les combattre par la parole, par la plume, à l'exemple des prophètes de Jésus-Christ et des apôtres, dont ils doivent être les continuateurs.

Où sont les sermons, où sont les ouvrages contenant la moindre allusion relative à ces inégalités révoltantes, condamnées par la conscience de tout homme de bonne foi?

Il n'en existe pas, il n'y en aura pas tant que l'Eglise catholique sera divisée en deux partis, dont l'un tout-puissant et rétrograde tiendra pour ainsi dire en laisse l'autre parti, animé de l'esprit libéral, véritable esprit du Christ, mais contraint à subir les exigences, la loi du plus fort; il n'en paraîtra pas tant que l'Eglise, au lieu d'être, comme elle l'a été, le modèle de la société civile, demeurera, comme elle l'est actuellement, l'image fidèle de la société civile actuelle : aux uns tous les avantages, aux autres tous les inconvénients et les charges du ministère; absence complète de justice distributive dans l'organisation, dans l'administration du bas clergé par le haut clergé. Népotisme, faveur, intrigue, fortune, noble origine, sont, comme dans les monarchies, les premiers titres à l'obtention des dignités et des gros émoluments, le mérite vient ensuite, s'il y a lieu.

Aussi est-ce à ce parti gothique, réactionnaire et chauvin, cause première, inconsciente sans doute de la réforme, danger permanent pour la société et pour l'Eglise elle-même, que s'adressent les lignes suivantes, inspirées par une véritable douleur de voir la doctrine et le clergé catholiques descendus des hauteurs où les avait placés le Christ, au rang de simples fonctionnaires du pouvoir séculier :

Où étiez-vous donc, disciples de Jésus-Christ, continuateurs de sa doctrine, vous le sel de la terre, selon sa propre expression : *Vos estis sal terræ?*

Comment! la loi humaine détruisait ainsi la loi divine, et vous n'avez pas protesté! le droit positif a mis le pied sur le droit naturel, et vous avez gardé le silence!

Y avez-vous jamais réfléchi une minute à ce scandale séculaire de l'impôt en argent? La nourriture, la cabane du pauvre, les outils du travailleur, son travail même sont imposés, c'est-à-dire tous les éléments civilisateurs, toutes les sources fécondes de la richesse, de la santé, de l'énergie, de la vitalité physique et morale des sociétés et de l'honneur des peuples.

Les onguents, les parfums, les pâtes si nombreuses destinés au maquillage de la coquette, de la courtisane. Les atours, les oripeaux frivoles de la femme, importatrice du péché dans le monde, au dire de la Bible. Les chevaux, les voitures de gala, les grands vins, les desserts, en un mot la superfluité, le luxe, c'est-à-dire tous les éléments anticivilisateurs, toutes les sources fécondes de la misère, de la maladie, de la faiblesse, de la corruption, et de l'affaissement physique et moral des sociétés !

Tout cela a été religieusement exonéré d'impôt ! Et vous n'avez pas protesté !

Et c'est à vous que Jésus-Christ a dit : *Vos estis sal terræ, si, sal autem evanuerint in quo salietur?*

Pourquoi donc ce mutisme, pourquoi cette attitude silencieuse, semblable à celle de ces chiens muets dont parle l'Ecriture, *canes non valentes latrare ;* en présence de cette violation constante de la loi naturelle, de cette lacération de la loi divine par la législation humaine ?

Faut-il vous le dire?

Votre silence est le résultat nécessaire de votre alliance avec le pouvoir civil, quel qu'il soit.

Contrairement à la doctrine, aux enseignements pratiques du Maître, qui fréquentait surtout les pauvres et les petits, vous avez hanté les riches et les grands.

Evêques, votre indépendance chrétienne a sombré lorsque vous avez accepté l'appui du bras séculier et les honneurs mondains : la fréquentation de la cour, l'entrée de la chambre des pairs, du sénat, les décorations et les ministères.

Prêtres, vous avez aliéné la vôtre en devenant le commensal et l'ami du grand seigneur, au lieu de résister à ses empiètements sur les droits inaliénables du peuple, c'est-à-dire en imitant vos supérieurs, vos maîtres.

D'ailleurs, comment tonner contre le luxe avec autorité, avec conviction, lorsqu'on s'y est habitué par la fréquentation des grands ?

Votre silence est la conséquence normale de l'éducation routinière de vos recrues de la milice sacrée, du sacerdoce. Des évêques courtisans ont voulu eux-mêmes des courtisans : l'adulation, la flatterie, l'intrigue, la bassesse ont dominé à l'évêché comme à la cour.

Aux plus flatteurs, aux plus intrigants fut confiée l'éducation et l'instruction des aspirants au sacerdoce. Et flatteurs et intrigants, n'est-ce pas dire incapables, puisque la flatterie et l'intrigue sont un aveu tacite de l'impuissance d'un individu à être mis au premier rang par son seul mérite.

Je les ai vus à l'œuvre, ces prétendus artistes en âme indépendante du prêtre, du vrai disciple de Jésus-Christ. Sectateurs de traditions ostrogothiques vermoulues, ils copiaient servilement la physionomie cléricale du séminariste dans le concile de Trente, sans se préoccuper si le peuple du XIXe siècle n'avait plus la moindre affinité, la plus petite ressemblance avec les populations contemporaines de ce concile.

Grâce à ces inintelligentes traditions, appliquées par des hommes plus inintelligents encore, la plupart des âmes indépendantes, susceptibles de continuer l'œuvre de Jésus-Christ, de dire la vérité aux grands, abandonnent les études ecclésiastiques. Si quelques-unes persévèrent, on a soin de leur faire payer leur persévérance, et le tort d'avoir quelque talent, par des disgrâces permanentes, par des vexations continuelles.

Prenez garde, ô vieux rétrogrades!

On commence déjà à vous attribuer quelque part dans la chute profonde de Lamennais. Lacordaire s'est amèrement plaint, sans trouver d'écho parmi vous, de la servilité des évêques, de l'abaissement de l'Église et du clergé vis-à-vis du pouvoir civil. Le père Hyacinthe a abandonné sa chaire de Notre-Dame, grâce à vos petites intrigues, pour avoir fait preuve d'une généreuse, d'une louable indépendance chrétienne. Montalembert lui-même s'est séparé de vous, il vous reniés à son lit de mort.

Est-ce que ce serait déjà des symptômes d'une nouvelle édition de la réforme provoquée, comme la première, par les abus et les idées rétrogrades si chères à une partie du clergé, et dont vous êtes aujourd'hui les successeurs.

Qu'importe! vous attendrez encore le fait accompli, et vos historiens répéteront certainement ce qui a été dit par eux de la réforme : elle était nécessaire, c'est évident, mais on est allé trop loin, on a dépassé le but.

Voilà où conduit votre principe diabolique concernant le respect dû aux vieilles traditions et aux puissances établies. Quelle que soit la conduite des grands vis-à-vis du peuple, vous semblez vous retrancher derrière les paroles du Christ : « Mon royaume n'est pas de ce monde. »

Mais le Christ n'a-t-il pas souffert, n'est-il pas mort

à cause de sa croisade contre les puissants de la terre? N'est-ce pas lui qui a dit ces paroles dont vos chaires auraient dû retentir depuis des siècles :

« Malheur aussi à vous autres, docteurs de la loi, qui chargez les hommes de fardeaux qu'ils ne sauraient porter, et que vous ne voudriez pas avoir touchés du bout du doigt. »

Est-ce que depuis longtemps le peuple ne serait pas déchargé du fardeau accablant des impôts iniques dont j'ai parlé tout à l'heure, si vous aviez conservé ce beau caractère, cette noble indépendance du Christ?

O disciples de Jésus, qu'elles sont grandes, qu'elles sont fécondes les pensées du divin Maître, et quel parfum d'amour du pauvre, du petit, de la classe la plus nombreuse!

Pourquoi vous séparer ainsi de ses traditions, pourquoi ne l'imitez-vous pas, pourquoi n'êtes-vous pas républicains!

ÉGALITÉ DE L'IMPÔT DU SANG.

S'il est une mesure propre à rendre plus populaire le gouvernement républicain, c'est sans contredit l'introduction légale de l'égalité de l'impôt du sang dans nos sociétés modernes.

Car, dans la répartition actuelle de cet impôt, apparaît encore la primauté inique de la loi humaine sur la loi naturelle.

En effet, l'impôt du sang est, en général, exclusivement fourni par les classes laborieuses, dépourvues des biens de la fortune. Par de sages précautions légales, les monarchies et leurs courtisans se sont donné la facilité de ne point risquer leur vie ou celle de leurs enfants sur les champs de bataille, au milieu des horreurs de la guerre.

Moyennant un ou deux billets de mille francs, ces chétives feuilles de papier, dont les jeunes gens bien nés, c'est-à-dire nés dans l'or et dans l'argent, se servent pour allumer leurs cigares aux jours de joie et de folie, ils ont toujours pu rencontrer un jeune homme pauvre, prêt à s'exposer à la mort pour eux, dans les hasards des guerres réclamées et votées, très souvent, par les pères de ces cœurs bien nés.

Si l'on a vu dans nos armées monarchiques quelques fils de famille, de riches bourgeois financiers ou commerçants, leur présence sous les drapeaux n'était pas la conséquence de l'impôt du sang, puisque, avec de l'argent, il leur était loisible de se soustraire à la loi du recrutement.

S'ils paraissaient au régiment, c'était sous l'empire d'un sentiment de préférence marquée pour le métier des armes; ils voulaient, comme on dit, faire leur chemin, arriver à une haute position dans les rangs de la hiérarchie militaire.

La nécessité était donc tout à fait étrangère à leur entrée dans la carrière militaire, leur bon plaisir seul en était cause, ils obéissaient à leurs vocations naturelles, au lieu de subir, comme les enfants du prolétaire, les rigueurs légales de l'impôt du sang.

Ici encore apparaissent ces calculs égoïstes, hypocrites, injustes, si fréquents dans les institutions monarchiques. Par le tirage au sort, commun aux pauvres et aux riches, la loi présentait des apparences d'égalité ; mais d'autres dispositions de cette loi permettaient au fils du riche tombé au sort de se racheter à prix d'argent, tandis que les fils du petit cultivateur, du petit vigneron et de l'ouvrier, c'est-à-dire les enfants de la classe la plus nombreuse, étaient condamnés à endosser l'habit militaire faute d'argent, quelle que soit leur répugnance pour le service militaire.

Au fond, c'était donc une corvée périlleuse, dont les favoris du capital pouvaient à leur gré s'affranchir, mais les jeunes gens pauvres, les enfants des travailleurs étaient encore sous ce rapport à l'état de serfs taillables et corvéables à merci.

Et cependant les mêmes devoirs incombaient aux uns et aux autres, ils jouissaient des mêmes droits de par la loi naturelle !

La vie du pauvre semble même plus précieuse, car si les douleurs de l'enfantement sont les mêmes sous des lambris dorés et dans une chaumière, combien n'est-il pas plus pénible, plus laborieux pour la femme pauvre d'amener ses enfants à l'âge viril !

Qui peut se flatter d'avoir jamais connu, sans les avoir éprouvées, toutes les misères, toutes les tristesses, tous les pleurs, tous les travaux pénibles, toutes les privations des pères et mères dénués de toute propriété, pour opérer chez l'enfant naissant cette transformation mystérieuse qui en fait un homme vingt ans après sa naissance?

La monarchie, plus convaincue de la puissance de l'or que de la nécessité de régner, de gouverner avec équité, bien qu'elle ait cherché à faire considérer sa majesté d'emprunt, comme une image de la majesté suprême, la monarchie favorisait les détenteurs de la fortune, dont elle croyait l'appui indispensable au maintien de son trône ; elle accablait, au contraire, le peuple, dont elle n'avait rien à redouter, puisqu'il était pauvre.

C'est à la justice républicaine de protester énergiquement, par la création de nouvelles lois sur l'impôt du sang, contre ces procédés égoïstes qui ont rendu la grande société humaine semblable à ces sociétés léonines répudiées par le droit romain.

Aux uns tous les avantages, aux autres tous les inconvénients et les charges.

A l'avenir chaque citoyen, riche ou pauvre, devra être appelé à la défense du pays, au maintien de l'ordre public, et à s'acquitter personnellement de l'impôt du sang.

Le petit crevé, ennuyeux à lui-même, inutile, sinon nuisible à sa famille et à son pays, n'étalera plus avec cet air petit maître et ce dédain si connus, son oisiveté et ses folies aux yeux du fils du cultivateur, du vigneron et de l'ouvrier, tous trois revêtus de l'habit militaire.

Ceux-ci ne pourront plus, avec juste raison, faire de tristes et amères réflexions sur cette terrible inégalité sociale de l'impôt du sang. Ils ne se diront plus forcés de quitter leurs travaux et leurs chaumières pour la défense du pays ou pour servir les projets insensés, sinon criminels, d'un monarque ambitieux, tandis que les enfants oisifs et inutiles du riche, le cigare à la bouche et la canne à la main, lanceront des quolibets sur leur tenue et sur leur allure, quand ils défileront dans les rues ou sur les places de nos grandes villes. Tous, riches et pauvres, seront enrôlés sous le même drapeau; tous porteront le même uniforme.

La défense du pays, le maintien de l'ordre public ne doivent être ni un métier, ni une nécessité imposée à un certain nombre de citoyens, et dont les autres seront exonérés.

Ils ne doivent pas être un métier, parce qu'ils supposent un amour de la patrie, un dévouement patriotique le plus souvent inconnus aux mercenaires disposés à vendre leur liberté à prix d'argent. Ils ne doivent pas être davantage une nécessité imposée exclusivement à une fraction des citoyens, parce que ceux-ci, exposés à regretter de supporter seuls les périls et les hasards de la guerre, seraient souvent au-dessous des nécessités patriotiques, au-dessous de la tâche à eux imposée par les dangers de la patrie commune.

Parmi les nombreuses conséquences résultant de cette application générale de l'impôt du sang, une des plus importantes, des plus heureuses pour la France, sera l'anéantissement des traditions guerrières de la monarchie.

La France ne sera plus entraînée dans des guerres désastreuses pour venger des outrages imaginaires faits à ses ambassadeurs ; elle ne fera plus la guerre pour obtenir ce que les souverains ont eu soin d'appeler de la gloire, mot pompeux destiné à éblouir les peuples et à les empêcher de voir qu'elle s'obtient dans leur sang, dans leurs larmes, en les plongeant dans le deuil.

Ses enfants iront à la frontière pour en fermer l'entrée à ceux qui tenteraient d'en forcer le passage. Elle tirera l'épée pour la sauvegarde de ses intérêts, de son territoire et de son honneur, ou pour faire respecter les lois de la justice internationale.

En effet, le peuple étant appelé à délibérer, soit par lui-même, soit par ses représentants sur la question de la paix ou de la guerre, ira-t-il entreprendre des guerres sous des prétextes futiles ou criminels comme sous la monarchie ? Non.

Car l'idée de l'égalité de l'impôt du sang s'imposera comme un spectre aux maîtres des destinées du pays pendant leurs délibérations.

Si le sang coule, ce sera peut-être celui des miens, ce sera peut-être le mien, se diront-ils ; et ils se résigneront aux cruelles nécessités de la guerre dans ce seul cas : si des intérêts supérieurs l'exigent.

Oui, à la place de ces ministres lançant la France dans une effroyable guerre, le cœur léger, à la place de ces députés dociles instruments du pouvoir, ne permettant pas, sur un signe du maître, à d'illustres députés, leurs collègues d'en contester l'opportunité et les chances de succès, nous aurons des représentants dont une des principales préoccupations sera d'éviter au pays les dangers et les calamités de la guerre devenus communs à tous.

Je ne saurais trop le répéter : ainsi entendue et appliquée, cette forme particulière de l'impôt n'est-elle pas conforme au sens commun, et ne rattacherait-elle pas de plus en plus les masses indifférentes à la République qui l'aura inaugurée ?

Égalité au point de vue de l'instruction.

L'inégalité de l'impôt du sang si injuste, si choquante, n'est pas la dernière des plaies sociales du régime monarchique. La République en aura encore d'autres à cicatriser, toutes non moins dangereuses et non moins imméritées, si elle tient à gagner pour jamais à sa cause la grande masse des indifférents en politique.

Après l'inégalité de l'impôt du sang, l'inégalité au point de vue de l'instruction.

De même que le riche était seul appelé à jouir du bénéfice de la loi du remplacement, de même le riche était seul appelé sous la monarchie aux grands bienfaits de l'instruction.

Je ne connais pas toutes les devises spéciales des diverses monarchies, mais celle-ci s'applique sans contredit à chacune d'elles.

« Tout pour l'argent et par l'argent. »

Examinons donc s'il est possible à la République de réagir contre ces tendances égoïstes, et de faire disparaître ce fléau de l'inégalité au point de vue de l'instruction.

Ce n'est pas en cultivant exclusivement l'intelligence du riche, et en condamnant au servage de l'ignorance l'intelligence des classes pauvres, qu'on ressuscitera le génie national de la France : c'est par la culture simultanée de toutes les intelligences supérieures des différentes classes de la société.

Si nous avions d'excellentes raisons pour déplorer la cruelle nécessité imposée au pauvre seul par la loi de l'impôt du sang, combien n'en avons-nous pas, pour gémir sur le pauvre intelligent condamné, à l'ignorance à perpétuité, par suite de l'insuffisance de sa position pécuniaire.

En effet, les inconvénients nombreux de la loi de l'impôt du sang pesaient exclusivement sur la personne des malheureux impuissants à s'y soustraire au moyen de l'argent; leur fausse position était au moins limitée par le temps.

Au bout de quelques années, ils devaient rentrer au

village, revoir leurs chaumières, leurs clochers, leurs parents, leurs amis, leur fidèle fiancée , et reprendre leurs chers travaux abandonnés par eux avec tant de regrets !

L'espérance adoucissait leurs maux.

Mais l'impossibilité d'arriver à l'instruction, au développement complet de son intelligence, n'est-elle pas pour l'homme pauvre et intelligent un tourment de chaque jour, un supplice de tous les instants.

Sentir en soi ce dépôt sacré du talent, cette lumière merveilleuse du génie, ce feu sacré de la pensée à un degré éminent, cette activité dévorante, ce besoin insatiable d'instruction, et se voir à jamais condamné par les nécessités de la vie, et par l'iniquité des institutions sociales, à l'impossibilité fatale, de développer ce talent, cette lumière, ce feu sacré, ce génie, de donner carrière à cette activité et d'adoucir par l'étude cet insatiable désir d'apprendre et de connaître !

Quel terrible fardeau !

Quelle misérable existence !

Quel supplice cruel !

Si ce défaut d'instruction, est une telle calamité pour l'individu, combien n'est-elle pas plus désastreuse, plus funeste pour le pays lui-même !

Qu'est-ce qu'une nation dans laquelle l'instruction est le monopole des privilégiés de la fortune ?

C'est une nation exposée à être administrée, à être gouvernée par les plus incapbles, tandis qu'elle aurait en bas de l'échelle sociale, toutes ses intelligences d'élite, tous ses esprits supérieurs restés sans culture.

C'est le gouvernail d'un navire confié peut-être aux mains les plus inhabiles et les moins vaillantes.

Il est inutile d'insister longuement pour faire ressortir le mérite et la gravité de cette hypothèse.

Avec le luxe et l'abondance, existent très souvent la corruption, le libertinage et les accidents morbides, perturbateurs de l'économie, générateurs de ces maladies héréditaires si nuisibles à la génération normale, au bon exercice de la pensée.

Lorsque l'histoire nous révèle les désastres éprouvés par certains peuples, par nous-mêmes, par suite de la pénurie ou de l'incapacité de leurs hommes d'État, c'est un devoir impérieux pour le gouvernement républicain de faire disparaître cette barrière séparant le pauvre doué d'une belle intelligence, du riche, sot ou intelligent, au point de vue de l'instruction.

Il le doit, et il le peut.

En effet, la mission principale d'un gouvernement digne de ce nom consiste surtout à donner le plus grand essor aux facultés intellectuelles, collectives d'une nation, à son génie national ; puisque c'est par le développement de ces facultés qu'on conduira le plus sûrement les peuples à la connaissance de leurs droits et de leurs devoirs, c'est-à-dire à la vraie civilisation.

Or, quelle voie plus certaine, pour arriver à l'épanouissement complet des forces intelligentes d'une nation, sinon en conviant, en appelant à l'instruction les plus belles intelligences ?

Oui, voilà le véritable moyen.

Tout gouvernement qui ne l'emploie pas, manque à ses devoirs les plus considérables envers le pays dont il tient en main les destinées, et envers les individus doués de belles intelligences, mais déshérités des biens de la fortune.

Envers le pays, privé par lui du concours de puissantes intelligences, dont la culture eût contribué dans de certaines proportions à la diffusion des lumières, et peut-être à une direction glorieuse, et couronnée de succès, des affaires publiques.

Envers les individus intelligents, mais pauvres, dont il laisse s'étioler les facultés intellectuelles, lorsque c'est un droit naturel primordial, pour ces individus d'être appelés au développement complet de toutes ces facultés, droit sans autre limite que la possibilité ou l'impossibilité pour l'État d'y accéder.

Après avoir établi l'obligation incombant au gouvernement d'instruire les enfants pauvres doués d'intelligences supérieures, je vais en montrer la possibilité.

Il le peut par la création, et par une distribution équitable, d'un certain nombre de bourses.

Une bourse, chacun le sait, est un secours accordé par l'État ou par un tiers à un individu, afin de lui permettre de commencer ou de terminer certaines études.

La création de bourses en quantité suffisante

pour l'objet en question. est possible à la République sans grever nos budgets, parce qu'elle a supprimé et supprimera un grand nombre de rouages politiques indispensables à la monarchie, mais inutiles, sinon nuisibles au pays ; rouages politititiques dont l'entretien grevait considérablement le budget.

L'empire a entraîné dans sa chute le sénat, cette honorable maison de retraite dont chaque membre touchait la modique allocation de trente mille francs par an.

Dans la pensée du souverain, le sénat était une sorte d'hôtel des invalides de la politique. Jeunes ou vieux, tous les hommes politiques usés à ses yeux, et dont les idées lui paraissaient avoir fait leur temps, y avaient leurs places marquées à l'avance ; ils y entraient comme les acteurs dont le rôle est fini entrent dans les coulisses.

On maintenait leur attachement à la dynastie moyennant trente mille francs par an. Mais, chose bizarre en elle-même et toute naturelle sous la monarchie, c'était avec les deniers du peuple, et non avec l'argent de sa cassette, que le souverain payait le dévouement à sa personne et à sa race.

La police politique, cette sangsue budgétaire aux appétits si gloutons, a également disparu sous le souffle républicain.

Dieu seul sait les sommes offertes au gaspillage, au luxe d'emprunt, de toute la nuée de méprisables délateurs et de vils espions que Bonaparte jugeait nécessaire pour le soutien de son trône impérial.

Depuis les bas fonds de la société, depuis les carrières d'Amérique, jusqu'en haut de l'échelle sociale on verbalisait, on mouchardait à prix fixé avec prime, ou moyennant le droit de puiser à volonté dans la caisse du budget, si péniblement remplie par les travaux et les sueurs du peuple.

Et les centaines de millions engouffrés dans cet abîme sans fond, qui s'appelait liste civile, dotation des princes et princesses de la famille régnante et de certaines familles non régnantes ; la solde exorbitante d'un grand nombre d'autres gros fonctionnaires de tous ordres ?

La cessation de tous ces abus, de cette orgie financière, permettra certainement à la Répuplique de créer des bourses, et d'en créer un nombre suffisant pour assurer la culture des intelligences d'élite de la classe laborieuse.

D'ailleurs, n'eût-elle pas ces ressources plus que suffisantes, la République devrait les inventer ; car notre pays a besoin d'une régénération complète, subite, si nous tenons à conserver entre nos mains l'étendard du progrès et de la civilisation. Or, cette régénération si évidemment nécessaire est à ce prix : cultiver l'intelligence vierge et nécessairement féconde des meilleurs esprits de nos classes laborieuses.

Il ne suffit pas de créer des bourses pour arriver à cette égalité de l'instruction, il faut surtout les accorder aux plus méritants.

Ici encore nécessité absolue de rompre avec les traditions monarchiques. Les bourses ne doivent plus être une sorte de récompense mêlée de faveur, destinée généralement au fils d'un père ou d'une famille bien pensants, c'est-à-dire dévoués serviteurs, âmes damnées du pouvoir.

Sous la République, elles seront la propriété exclusive du mérite nécessiteux. Pour les obtenir, il faudra donc une double justification : les mériter par les aptitudes, par les goûts clairement exprimés pour les travaux de l'intelligence ; être dans la nécessité absolue de les accepter pour développer ses aptitudes et ses goûts.

Le gouvernement républicain n'est pas contraint, comme la monarchie, d'accepter la mission intéressée de protéger certaines familles, et de laisser les autres à leur malheureux sort. Tous doivent être l'objet de sa bienveillance, de sa sollicitude.

En accordant des bourses, il ne s'agit pas de l'intérêt privé, c'est l'intérêt public qui est en jeu. L'état républicain ne peut vouloir, par la création des bourses, faire quelques petits crevés, quelques avocats sans cause, quelques médecins militaires ou civils d'une médiocrité remarquable.

L'empire nous en a déjà trop affligés !

Il ne s'agit pas, pour la République, de faire des positions aux enfants de quelques amis du pouvoir ou de quelques amis des amis du pouvoir. Son but unique, but d'intérêt général, sera le développement complet des facultés intellectuelles de certains enfants nés pauvres et appelés à devenir des hommes supérieurs, sinon de grands hommes.

Par des examens généraux, sérieux, impartiaux,

ennemis de la faveur, elle connaîtra l'intelligence et les aptitudes trop ignorées des fils du vigneron, du laboureur et de tous les travailleurs, trop peu favorisés des biens de la fortune pour les cultiver.

Le simple manœuvre, comme le bûcheron, verra son enfant admis à concourir pour obtenir une bourse. Si on peut dire, en répétant une parole célèbre : Il y aura beaucoup d'appelés et peu d'élus, il faut pouvoir affirmer également : ces élus seront les plus dignes et les plus méritants.

Alors disparaîtra cette inégalité fatale, révoltante, existant au point de vue de l'instruction entre l'enfant né riche, doué ou privé d'intelligence, et l'enfant né pauvre, mais pourvu d'une riche intelligence.

De cette manière, on n'aura plus la douleur dans l'âme, la honte au front ; on ne fera plus ces tristes réflexions si justes, si vraies sous la monarchie.

Des cerveaux faibles, des nullités, sinon des idiots ou des imbéciles, nés dans l'opulence, s'ennuient sur les bancs de l'école et ne tirent aucun profit de l'instruction surabondante à eux prodiguée, lorsque des enfants pauvres ou trop peu favorisés de la fortune languissent dans une ignorance terrible, véritable tombeau de leurs talents ignorés, peut-être de leur génie !

Et que les bœufs, les charrues, les chevaux soient dirigés par des intelligences vivaces ; de même que la faux, la pioche, tous les instruments aratoires et tous les instruments de travail sont maniés par des cerveaux sains et robustes ; que les plus durs labeurs, les plus rudes travaux sont exécutés par une partie de l'élite intellectuelle de la France ; une certaine fraction de cerveaux mal organisés, d'intelligences médiocres, occupe des emploies importants dans la bureaucratie, dans le barreau, dans la magistrature, dans l'armée !

Si, toutefois, cette même fraction n'a pas quelques-uns de ses membres appelés à l'honneur de participer à la direction des affaires publiques !!

O monarchistes de toutes nuances, si on vous demandait votre opinion sur un cultivateur propriétaire de cent pièces de terre, entêté au point d'en cultiver seulement cinquante et de laisser à tout jamais les cinquante autres en friche, que répondriez-vous ? Votre réponse la plus favorable serait sans doute celle-ci : Cet homme est fou, fou à lier. Car vous n'iriez pas supposer chez cet homme le coupable dessein de restreindre la récolte pour faciliter la famine Aussi, pour ne pas incriminer votre conduite, je suis contraint de vous refuser la possession du libre arbitre, puisque depuis des siècles vous gouverniez la France, en imitant, au point de vue de sa culture intellectuelle, la conduite de ce cultivateur en délire, au point de vue de la culture de ses terres !

Égalité du droit aux charges et aux emplois; le mérite seul les obtient.

Un nouveau mode d'égalité, dont l'application sera conforme au vœu de la grande majorité, c'est une répartition équitable des charges, des emplois, dont la libre disposition appartient directement ou indirectement au gouvernement lui-même.

Au plus méritant la première place, le premier grade; au second, dans l'ordre du mérite, le deuxième grade, la seconde place.

En un mot, places et emplois exclusivement réservés aux plus dignes des aspirants à ces grades et emplois.

Légitime satisfaction de la conscience individuelle et de la conscience universelle, cette prime accordée au mérite sera une excitation permanente et puissante au travail quotidien, aliment si nécessaire à la vitalité de l'intelligence, à la maturité de la pensée.

Chacun ressentira un besoin plus pressant de son amélioration personnelle, devenue une condition absolue de son admission à l'emploi, au grade, objet de ses aspirations, un gage nécessaire d'avancement lorsqu'il l'aura obtenu.

Par là, nous conjurerons le retour de ces parades,

de ces mascarades politiques de vingt ans, connues sous le nom prétentieux d'empire français; dont la plupart des fonctionnaires de tous ordres, issus de la faveur et du caprice, étaient semblables à ces masques du mardi gras et de la mi-carême, à ces acteurs, à ces figurants de théâtre. Ils portaient tous avec élégance la livrée de leurs grades et de leurs fonctions; mais, sauf un petit nombre, ce fut le principal talent dont ils firent preuve, auquel il est juste de joindre toutefois, pour être complétement vrai, leur régularité à percevoir leurs traitements et leur remarquable facilité à trouver les moyens d'en dépenser le montant.

Ainsi disparaîtront la bureaucratie pédagogique, routinière et ses traditions gothiques, traitant le public avec le sans-gêne et sans-façon d'un grand seigneur vis-à-vis de ses laquais.

L'employé dans les liens du mariage ne se contenterait plus de passer de son foyer à son bureau et de son bureau à son foyer.

L'employé célibataire perdra l'habitude trop répandue d'entrer au café avant de paraître à son bureau, de sortir de celui-ci pour retourner dans celui-là, et de le quitter généralement lors de sa fermeture.

Tous les deux, excités par le besoin continuel de leur propre excellence, seul titre légitime à tout avancement, mettront le temps à profit dans des études, dans des travaux généralement en rapport avec leurs emplois; résultat doublement heureux pour eux-mêmes d'abord, en donnant toute son expansion à leurs facultés, à leurs talents; pour la République, qui aura en eux des serviteurs plus zélés, plus actifs et plus remarquables.

Voilà le remède, l'anéantissement perpétuel du népotisme, du favoritisme, de ces plaies inséparables de la monarchie, plaies hideuses, dont les ravages ont été si profonds sous le dernier empire, qu'ils nous ont conduits à Sedan, à Metz; qu'ils nous ont amené ces avalanches de calamités inconnues dans l'histoire du monde, sous le poids desquelles nous gémissons, en nous demandant avec une anxiété toute patriotique, dominée par l'espérance contraire, si notre dernière heure a sonné; si, peuple vieillard et caduc, nous sommes destinés à périr, à entrer dans la tombe que les barbares nous ont déjà préparée !

On n'aura plus ce scandale trop renouvelé de ministères encombrés de beaux-pères, de gendres, d'oncles, de neveux, de cousins, de petits-cousins, d'amis et d'amis des amis de chaque nouveau ministre.

Toutes nos administrations ne seront plus des refuges d'incapacités, dont le seul mérite à leurs emplois a été l'appui d'un parent, d'un ami ou de l'ami d'un ami puissant, lorsque toutefois cet appui n'a pas été le résultat honteux de liaisons directes ou indirectes, n'ayant rien de commun avec les liens du sang et de l'amitié !

CHAPITRE V

La fraternité, conséquence de la liberté et de l'égalité. — Le pouvoir doit en donner l'exemple. — Nouveau moyen de conserver la majorité acquise à la République. — Révision complète de notre législation.

Les diverses applications à faire de la liberté et de l'égalité ayant été exposées, j'ai quelques mots à dire de la fraternité, qui n'a pas, à beaucoup près, l'importance des deux autres termes de la devise républicaine.

La liberté et l'égalité sont pour ainsi dire deux vertus cardinales républicaines. C'est sur elles que doit reposer tout le système républicain.

Pas de République possible sans elles, c'est-à-dire de gouvernement basé sur la justice.

La fraternité est une sorte de vertu morale dans les institutions républicaines. On peut dire d'elle, en parodiant les paroles de Jésus-Christ : Pratiquez d'abord la liberté et l'égalité, le reste, c'est-à-dire la fraternité, vous sera donné par surcroît.

Qu'ils y aient songé, ou que cette particularité leur ait échappé, les auteurs de la triple devise républicaine ont fait œuvre de sagesse, de profondeur admirable, en plaçant la fraternité à la suite de la liberté et de l'égalité ; car elle en est incontestablement la résultante, le corollaire.

L'absence d'égalité et de liberté dans une société, cela est évident, n'entraîne-t-elle pas l'absence de fraternité, puisque l'absence de liberté et d'égalité froisse tous les sentiments de justice et d'égalité innés chez l'homme, engendre, entretient nécessairement la jalousie et l'envie dans le cœur du citoyen privé de liberté, victime de l'inégalité, contre le citoyen jouissant de la liberté et des avantages de l'inégalité ?

La jalousie, l'envie, passions fatales, qui ont armé le bras du premier fratricide, fabriqué le premier anneau de la chaîne du crime !

C'est pourquoi les monarchies et leurs favoris se sont toujours efforcés de faire considérer la liberté et l'égalité républicaines comme des chimères propres à entraîner quelques dupes à la suite de quelques illuminés ambitieux, et à jeter le trouble dans les profondeurs de l'ordre social.

En cela ils avaient cent fois raison, ils servaient merveilleusement leurs intérêts égoïstes. Car, admettre la liberté et l'égalité comme base des institutions monarchiques, c'était les nier et les tuer d'un seul coup, puisqu'elles n'ont jamais eu d'autre base que l'arbitraire, l'absolutisme, la faveur, le privilége, l'égoïsme, en deux mots :

L'Injustice, l'Iniquité.

Donc, un des plus puissants moyens pour établir la fraternité parmi les membres de la République, sera l'application franche, sincère, de la liberté et de l'égalité, de cette liberté et de cette égalité inscrites dans le grand livre, dans le code vivant du droit naturel, au fond de la conscience particulière, comme au fond de la conscience générale. C'est-à-dire celles qui, respectueuses envers les droits légitimement acquis, envers toutes les convictions sincères, ennemies infatigables des abus, des privilèges, réclamant sans cesse une répartition équitable des avantages et des charges incombant à chaque membre de la société, détruiront infailliblement tous les germes d'envie, toutes les sources les plus fécondes en divisions intestines, en désordres civils.

Un second moyen très fécond en fraternité, c'est l'exemple fraternel des membres du gouvernement.

Le vieux principe est toujours vrai ; il s'applique aux sociétés monarchiques comme aux sociétés républicaines : *Ad regis nutum totus componitur orbis.*

Tel souverain, tel peuple.

Avec un gouvernement égoïste, autoritaire, des sujets égoïstes, autoritaires, à tous les degrés de l'échelle sociale; sous un gouvernement pratiquant sincèrement la fraternité, elle pénétrera insensiblement toutes les couches de la société.

Que le gouvernement républicain rompe franchement avec les allures, les agissements de la monarchie ;

Qu'il soit d'un accès facile à tous, sinon personnellement, du moins par la facilité de lui faire parvenir les communications de chaque citoyen ;

Qu'il s'emploie activement au soulagement des misères du pauvre, de l'infortuné, en fondant de nouvelles institutions de bienfaisance, en respectant et en encourageant celles de l'initiative privée ;

Que son affabilité apprenne à tous les fonctionnaires, à tous les employés de l'Etat, qu'ils sont les serviteurs du public, au rebours des employés et des fonctionnaires monarchiques, toujours disposés à traiter le public avec le sans-gêne, le sans-façon d'un prince vis-à-vis de ses laquais ;

Que tous ses actes publics soient une application continuelle de cette grande vérité :

La liberté, sous toutes ses formes, compatible avec l'ordre social, l'égalité basée sur les principes du sens commun ou du droit naturel, inscrit par la nature dans la conscience humaine, sont les deux sources les plus pures, les plus abondantes de la fraternité.

Et, semblable au médecin habile à qui le diagnostic a révélé la maladie et le remède, il conduira le peuple français sans secousses, sans danger, comme par la main, aux sources vivifiantes de la liberté et de l'égalité, pour y puiser et se rassasier de leur eau salutaire : la fraternité !

Un troisième moyen, non moins efficace, pour maintenir réunis les indifférents et les républicains, c'est un remaniement complet, fondamental, de nos lois.

A chaque pas s'y trouve manifestée cette préoccupation constante du législateur pour le riche, et cet oubli cruel des intérêts du pauvre.

En faisant disparaître de nos codes les derniers vestiges féodaux, monarchiques, autoritaires, la République acquerrait de nouveaux droits aux sympathies de la majorité.

Là encore, pour faire une œuvre législative irréprochable, le législateur s'inspirera de sa conscience et du droit naturel. Avec de tels guides, il atteindra infailliblement son but, il satisfera aux aspirations des masses laborieuses, sans blesser aucun droit légitime.

Le sens commun, le droit naturel, nous l'avons dit, c'est un don, un héritage commun à l'humanité tout entière.

C'est la langue universelle, chacun la parle sans l'avoir apprise, chacun la comprend sans l'avoir étudiée.

Par conséquent, toute réforme, toute loi, toute institution sociale, basée sur ces principes, aura infailliblement le don merveilleux de plaire à la majorité et de la grouper de plus en plus autour du drapeau républicain, source de ces réformes, de ces lois et de ces institutions, dont chacun trouvera l'opportunité et le mérite au fond de sa conscience!

CHAPITRE VI

Résumé. — Conclusion.

Est-il possible de faire de la République un gouvernement régulier, stable, définitif en France? Telle est la question posée au début de mon travail.

Après avoir établi comme principe certain, la nécessité pour la République, pouvoir électif, d'être en possession continuelle de la majorité, afin d'être maintenue en France, nous avons constaté l'existence de cette majorité, composée de trois groupes principaux : les républicains, les indifférents en politique et les monarchistes.

Le dernier groupe, peu nombreux, se détachât-il des deux premiers, la majorité républicaine existerait malgré cette éventualité.

Donc, nécessité absolue de maintenir réunis en un seul faisceau les républicains et les indifférents en politique. Donc, nécessité fatale pour le parti républicain, désireux de vivre, d'employer les moyens propres à assurer la réunion constante de ces deux groupes. C'est là ce que nous avons établi ensuite.

Afin d'arriver plus sûrement au maintien intégral

de l'unité des deux groupes constitutifs de la majorité, par l'emploi de moyens efficaces, nous avons constaté, après examen préalable des aspirations actuelles des masses, une tendance générale des esprits vers une amélioration matérielle et morale du plus grand nombre, vers un idéal gouvernemental basé sur l'ordre, la liberté, la justice, le dévoûment ; contrairement aux institutions monarchiques, dont la base nécessaire est une espèce d'ordre sans la liberté, l'injustice avec l'égoïsme.

Le besoin d'ordre est si impérieux, surtout parmi les indifférents en politique, qu'il est une condition *sine qua non* du maintien de leur adhésion au principe républicain.

Les ayant vus prêts à se jeter dans les bras de quelque seuveur monarchique, si la République était impuissante à maintenir l'ordre, nous avons fait un devoir impérieux aux chefs du pouvoir du maintien de cet ordre, nous avons indiqué un moyen infaillible pour en assurer la durée :

C'est de faire passer devant les assises du peuple les auteurs de délits ou de crimes contre la chose publique.

Jugés par le peuple lui-même, les fauteurs de l'ordre public ne pourront plus suspecter la bonne foi, l'impartialité, la compétence de leurs juges, ni les faire révoquer en doute, ni faire croire à leur innocence, ni se poser en martyrs de décisions judiciaires iniques et partiales, rendues par des magistrats créatures et favoris du pouvoir.

Ainsi disparaîtront l'école révolutionnaire et ses fausses doctrines, et ces malentendus créés et entretenus par les décisions toujours suspectes des juges de la monarchie.

La prison politique cessera d'être un des plus sûrs marchepieds pour arriver aux honneurs, aux dignités, un gage certain de l'affection et des faveurs populaires ; elle aura sa véritable signification : la honte et l'infamie !

Alors les délinquants politiques deviendront des malfaiteurs ; les intrigues de la rue, la prison politique sera un jeu de dupe ; aucun intrigant, aucune médiocrité ne tiendra plus la partie.

Or, l'école séditieuse privée des médiocrités et des intrigants, c'est l'école séditieuse décapitée, c'est l'école séditieuse anéantie, c'est l'ordre public assuré par le gouvernement de la République et la majorité conservée à ce gouvernement.

Après l'indication de ce moyen infaillible pour maintenir l'ordre public, condition essentielle à la conservation de la majorité, nous avons signalé une autre voie également sûre, pour arriver à cet idéal politique et social objet des désirs secrets plus ou moins conscients, plus ou moins concrets du peuple français. C'est une application conforme à ces désirs, à ces aspirations, de la devise républicaine « liberté, égalité, fraternité. »

Trinité admirable, résumant dans sa simplicité toutes les institutions démocratiques ; synthèse incomparable des sociétés républicaines présentes et futures ;

l'alpha et l'oméga de tout gouvernement basé sur le droit naturel.

L'application indiquée par nous de cette admirable devise est conforme aux aspirations des républicains et des indifférents en politique, parce que sa base est le bon sens, le droit naturel, ce droit connu de tous les hommes, parce qu'il leur a été enseigné par la nature elle-même.

Loin de briser les liens de la majorité, elle les resserrera de plus en plus, parce qu'elle est la revendication légitime des droits éternels, imprescriptibles, de la classe la plus nombreuse, confisqués par le droit féodal, par le droit monarchique, œuvre diabolique, sorte de conspiration satanique contre l'œuvre divine.

En effet, dans son acception la plus générale, nous demandons la liberté la plus large, cette liberté féconde, ennemie de la licence, compatible avec l'ordre public, si désiré des indifférents et des républicains.

A la place des lettres de cachet, des mandats d'amener inspirés par l'arbitraire, nous avons demandé une inviolabilité, un respect sacrés pour la liberté individuelle.

Nous voulons également la liberté de la presse et de la parole, limitée à cette extrémité où elle change de nom pour se nommer calomnie, avec le droit pour l'offensé de faire poursuivre, s'il le juge à propos, l'auteur de l'attentat à son honneur, à sa considération.

Le calomnié a le choix de poursuivre certains calomniateurs ne valant pas la moindre démarche de l'honnête homme objet de leurs calomnies; leur nom l'indique : ce sont des vauriens.

Au point de vue de la conscience et des cultes, liberté absolue, réprobation complète de toute intolérance. Le seul correctif apporté à ce genre de liberté est celui pouvant résulter du respect dû à nos mœurs, à nos lois et à nos institutions.

En ce qui concerne la liberté d'enseignement, nous avons adopté la même manière de voir. Pas d'exclusion étroite, basée sur les costumes, la forme, la couleur des habits, et sur les petites rancunes, les mesquines passions politiques.

Accès pour tous du temple de l'enseignement, sauf pour les ignorants, les incapables.

Le seul critérium d'aptitude pour enseigner sera la science, constatée par des examens, devant un jury nommé à cet effet.

Guidé par la raison, par les lumières du sens commun, nous avons indiqué également une application saine, équitable, opportune de l'égalité. Laissant de côté les différentes théories égalitaires, dont la majorité ne veut pas, à tort ou à raison, et dont la réaction monarchique est prête à agiter devant elle le fantôme pour tuer la République.

Plus de priviléges, plus de hautes cours protectrices des grands criminels; une égale application de la loi pour tous. Aux simples délinquants les juges et les peines réservés aux délinquants; aux criminels, quels que soient leur rang, leur naissance, les peines et les juges des criminels. Voilà pour nous l'égalité devant la loi.

Au point de vue de l'égalité en matière d'impôt, nous demandons une nouvelle base de l'impôt en argent. Exclusivement basé sur le revenu, il sera en parfaite harmonie avec le droit naturel, tandis que l'impôt actuel en est sinon la négation, du moins une restriction considérable.

L'impôt du sang subira aussi une réorganisation complète. Au lieu d'être à la charge exclusive du fils de l'ouvrier, du cultivateur, du vigneron, il sera supporté par toutes les classes de la société ; il diminuera ainsi l'ardeur des grands, des arbitres de nos destinées, à nous lancer dans des aventures guerrières, sous des prétextes futiles sinon criminels. C'est la fin, la dernière heure des ministres, jetant la France désarmée, dans les horreurs de la guerre, avec un cœur léger.

Au point de vue de l'instruction, nous avons de mandé l'égalité entre les riches et les pauvres intelligents.

Le fils intelligent de l'ouvrier, du laboureur, du vigneron, pourra être appelé au grand bienfait de l'instruction, au développement complet de ses facultés intellectuelles, par la création et la distribution de bourses accordées, sur des examens généraux, au mérite exclusivement.

A la place des serfs attachés à la glèbe, la monarchie avait laissé les serfs attachés à l'ignorance : l'égalité du droit à l'instruction les fera disparaître.

Nous avons demandé l'égalité du droit aux charges,

aux places et aux emplois du gouvernement. Le mérite seul sert de marche-pied pour les obtenir. Par conséquent, riches et pauvres auront des chances d'y être admis, contrairement aux usages de la monarchie, qui distribuait ces charges et ces emplois à ses amis, ou aux amis de ses amis les mieux recommandés.

Enfin, nous avons démontré que le moyen le plus sûr pour faire naître la fraternité, c'était la mise en pratique de la liberté et de l'égalité basées sur la justice et la raison, parce que la source la plus féconde de l'envie, l'ennemie irréconciliable de la fraternité, c'est le privilége, l'iniquité, l'arbitraire.

Nous avons cité aussi, comme bien propre à faire naître et à développer la fraternité, l'exemple des membres du gouvernement ; nous avons exprimé le vœu qu'ils se séparent complètement des traditions gothiques, pleines de morgue et de charlatanisme de la monarchie ; qu'ils soient simples et grands comme les institutions républicaines elles-mêmes.

Eh bien, je le répète, une telle manière de comprendre et d'appliquer les différents termes de la devise républicaine n'est-elle pas conforme au bon sens, à l'équité ?

N'est-ce pas un grand progrès républicain ? Peut-il y avoir un homme de bonne foi susceptible de contester la supériorité de tout État républicain, avec de telles institutions, sur les États monarchiques actuels, quelles que soient son opinion, ses prédilections politiques ?

N'aura-t-elle pas le prestige suffisant pour maintenir dans le même faisceau les républicains et les indifférents en politique?

Ne fera-t-elle pas aimer, chérir la République à ces indifférents, qui sont les plus nombreux, à cause des droits dont elle les aura remis en possession, droits dont ils avaient été frustrés par la monarchie elle-même?

Le travailleur des villes et des campagnes ne se vouera-t-il pas avec ardeur à la défense de la cause républicaine, ne s'en fera-t-il pas l'invincible champion, afin de conserver les avantages légitimes qu'elle lui aura accordés?

Consécration de ses droits de n'être plus à la merci du riche, du puissant, par l'inviolabilité légale de sa personne, assurée par la liberté individuelle.

Diminution, sinon anéantissement total des charges de l'impôt en argent, eu égard à sa position pécuniaire.

Egalité de l'impôt du sang entre leurs fils, ceux des riches et ceux des dépositaires du pouvoir à un degré quelconque.

Droit égal pour tous, riches et pauvres, d'obtenir les fonctions, les emplois du gouvernement, confiés désormais aux plus capables, aux plus méritants.

Droit à l'instruction complète de leurs fils intelligents, par la création et l'équitable répartition des bourses; c'est-à-dire abolition du servage de l'ignorance, possibilité pour le pauvre de prendre part aux affaires publiques et de revendiquer les droits des classes laborieuses, en signalant leurs souffrances.

Notre système de législation complètement remanié. Les lois, les institutions égoïstes, sans entrailles, derniers reflets de la monarchie, de la féodalité, remplacées par les lois équitables tirées du cœur humain, des principes du droit naturel.

Tout cela ne groupera-t-il pas, ne maintiendra-t-il pas étroitement unis, sous le même drapeau, en un seul faisceau indestructible, les républicains et les indifférents actuels de la politique ?

Et cet attachement à la République, résultat de concessions, de revendications basées sur la justice, sera éternel comme la justice elle-même ! Les indifférents, si nombreux au début de la République, auront tous disparu ; ils seront transformés en républicains sincères, ardents ; ils seront devenus semblables à leurs aînés les républicains, ils seront tous de grands citoyens !

Or, voilà réalisées les deux conditions essentielles au maintien permanent de l'union des républicains et des indifférents en politique, c'est-à-dire de la majorité acquise à la République :

1° L'ordre public assuré par l'institution des tribunaux populaires connaissant des crimes et délits contre la chose publique ;

2° Une application équitable, basée sur le droit naturel, au niveau politique actuel des masses, conforme à leurs aspirations, à leurs légitimes intérêts, de l'immortelle devise :

Liberté, Égalité, Fraternité.

Il est donc possible de maintenir en un seul faisceau les républicains et les indifférents en politique, c'est-à-dire la majorité républicaine elle-même.

Donc la République peut être maintenue en France, et y devenir le gouvernement régulier, normal et définitif.

En écrivant cette dernière conséquence, je suis en proie à un double sentiment : elle m'attriste et elle me réjouit.

J'ai l'âme remplie de tristesse d'être obligé d'établir la possibilité du gouvernement républicain en France, lorsque, de l'aveu de tous, c'est le point culminant, l'idéal suprême de la forme gouvernementale.

Mais ma tristesse s'accroît encore en songeant que j'ai dû m'imposer cette tâche quatre-vingts ans, près d'un siècle après l'établissement de la première République, vingt-trois ans après la chute de la seconde.

Malgré le talent incontestable, l'activité généreuse de nos initiateurs de 89 et de leurs successeurs de 1848, on est tenté de se demander s'ils n'ont pas négligé ce devoir si important de la propagation de la possibilité pratique des théories républicaines.

Où sont, en effet, les ouvrages destinés à prouver la véracité pratique de l'idée républicaine en France, à détruire les préjugés contraires répandus à profusion, par la monarchie, dans toutes les classes de la société ?

Les socialistes de toute nuance, les partisans divers de l'idée égalitaire ont exposé leurs systèmes, ont développé leurs théories ; mais les républicains, les partisans de l'idée démocratique pure et simple, qu'ont-ils fait pour anéantir la seule objection plausible des monarchistes contre l'établissement définitif de la République en France?

Et pourtant ils sont nombreux et répandus, les préjugés contraires!

Tout en m'attristant des lenteurs de la marche de l'idée démocratique, je cède également à l'irrésistible influence de la joie.

Cette suprématie temporaire, des préjugés de l'erreur sur la vérité, est une suite naturelle des gigantesques et continuels combats engagés entre ces deux principes depuis l'origine du monde.

Les individus et les peuples ont un droit égal à la possession de la vérité politique, de la vérité philosophique, historique, mathématique, astronomique. Mais la vérité politique n'a pas pour seul adversaire l'erreur, cette fumée sortie du puits de l'abîme dont parle Bossuet, dans l'une de ces oraisons funèbres léguées par son grand génie à l'admiration de la postérité. Elle a aussi contre elle l'égoïsme grossier, les passions injustes, les instincts pervers d'un certain nombre d'individualités puissantes, à qui le maintien de l'erreur politique assure une exploitation criminelle, mais souverainement lucrative, des grandes masses humaines.

Malgré le nombre, malgré les intérêts et la puissance de ses combattants, l'erreur politique est condamnée à périr dans sa lutte quotidienne contre la vérité politique.

Aussi suis-je joyeux et fier, dans cette lutte intéressant ma patrie à un si haut degré, dans cette patriotique question, de la possibilité d'instituer à jamais en France le gouvernement républicain, de me trouver dans le camp et sous l'étendard de la vérité.

Car, quelle que soit ma part dans la lutte, quel que soit le résultat de mon courage et de mes efforts dans le combat; quelle que soit l'ardeur déployée par les Géants, les Cyclopes et les Titans politiques, ses adversaires acharnés, la vérité triomphera, et j'aurai ma part dans l'honneur du triomphe, comme le simple soldat a la sienne dans le gain d'une bataille à laquelle il a assisté.

Oui, malgré les gros soupirs protecteurs des partisans de la monarchie, malgré leurs déclarations mélancoliques, assaisonnées d'une certaine résignation intéressée, destinés à faire considérer l'établissement régulier, définitif, des institutions républicaines en France comme une belle chimère, digne de sortir du cerveau de quelques esprits ardents, généreux, mais inexpérimentés, de quelques rêveurs théoriques en quête d'idéal politique, mais dénués de toute idée et de tout sens pratique gouvernemental; malgré le mot d'ordre venu du trône de répéter ces déclarations et ces soupirs sous le moindre prétexte, sous toutes les formes : par la parole, par la plume, en public comme au coin de la cheminée, aux champs comme à la ville, *urbi et orbi*, la raison et la logique, jointes à la connaissance du niveau politique actuel de la nation française, n'en proclament pas moins la possibilité pour elle de vivre et de prospérer sous l'égide des lois et des institutions républicaines, et d'en faire la forme définitive de son gouvernement !

Une conclusion contraire ferait supposer que le peuple français est un de ces antiques coupables voués aux malédictions, à la colère vengeresse de quelques divinités infernales, un de ces types criminels dont la légende et l'histoire nous ont légué les traits et les souffrances cruelles.

Il serait Tantale, dévoré de la faim et de la soif des fruits de la justice dans le gouvernement, condamné à l'impuissance de les porter à ses lèvres, à son palais brûlant.

Nouveau Sisyphe, il roulerait constamment le rocher fatal de ses institutions politiques, impuissant à le faire parvenir ou à le maintenir au sommet de la justice gouvernementale républicaine.

Plus malheureux qu'Andromède, le cœur rempli d'un ardent amour de la liberté, de l'égalité et de la fraternité républicaines, il se verrait à jamais lié sans espoir, à ce roc de l'injustice, de l'inégalité, de l'égoïsme et de l'envie, qu'on appelle institutions monarchiques; brisant de temps à autre sa chaîne, mais, hélas ! pour en porter une plus lourde, une plus difficile à rompre !

Mais l'histoire, cette gardienne incorruptible de l'honneur, de l'iniquité des individus et des peuples, l'histoire nous montre la France sous des traits moins hideux.

On n'a jamais vu son nom associé aux grandes conspirations contre le droit, à la préparation ni à l'exécution des grands attentats.

Dans les douceurs de la paix, au milieu des horreurs de la guerre, elle s'est invariablement montrée grande, loyale, généreuse, héroïque, soucieuse, pleine de respect pour le droit et la nationalité des peuples.

C'est contre son gré, sous le coup de ces vaines protestations, que s'est accompli en Europe le plus grand forfait des temps modernes. Elle a protesté hautement, elle proteste encore sans trouver d'écho, contre le plus monstrueux assassinat national préparé, accompli froidement, cyniquement, aux yeux du monde entier, par des têtes couronnées : le démembrement et le partage de la Pologne.

Soldat infatigable du droit, porte-drapeau de la civilisation, elle a généreusement versé son sang sur les champs de bataille pour les nations opprimées, et pour faire respecter les droits et les traités internationaux.

Ce n'est pas le lieu ni le moment d'examiner ce qu'elle a reçu en retour de son inépuisable générosité. L'histoire, avec son burin impartial, stygmatisera du sceau hideux de la honte l'infâme conduite, à son égard, de plusieurs nations qui ont profité de ses alliances et joui de sa protection.

Je me borne à le faire remarquer : après avoir semé à pleines mains le dévoûment, la magnanimité en Europe, elle recueille aujourd'hui l'égoïsme le plus brutal, la plus laide, la plus amère ingratitude !

Eh bien, avec un passé si grand, si héroïque, si chevaleresque, la France serait vouée aux ressentiments implacables des dieux infernaux; elle serait à jamais condamnée à aspirer au sommet des institutions politiques sans pouvoir l'atteindre, et à répéter éternellement cette mélancolique parole du poète : *Video meliora proboque deteriora sequor.*

Non, cela n'est pas possible !

Le peuple français est l'image vivante de ces héros fameux, surhumains, des temps héroïques qu'Homère nous fait tant admirer en nous racontant leurs dangers, leurs épreuves et leurs mâles vertus.

Il a marché, il marche à ses destinées politiques, à travers tous les périls, toutes les épreuves, conduit comme par la main par une divinité protectrice et tutélaire.

Ses malheurs publics, ses déceptions cruelles, lui ont été ménagés afin de le faire arriver à la sagesse.

L'oppression, l'arbitraire, l'égoïsme, l'injustice monarchique, les invasions dont ils ont été la source, étaient destinés à mettre un abîme sans fond entre lui et la monarchie.

La licence, les excès, les crimes, qui ont perdu la première République; les imprudences, les fautes politiques, causes de la ruine de la seconde, sont de salutaires leçons pour lui apprendre ce qu'il doit éviter, s'il tient à conserver la troisième.

O France, ma patrie, toi qui portes à l'heure où j'écris le fardeau lourd et immérité des conséquences nécessaires du régime monarchique, je t'adjure de ne pas retomber dans les anciens excès, dans cette absence de sens pratique qui ont causé la ruine de tes deux premières Républiques !

Redevenue maîtresse souveraine de tes destinées, suis la marche politique tracée d'une main toute filiale par un obscur enfant du peuple, sincèrement dévoué à la cause républicaine, inséparablement unie à deux autres dans son cœur :

Ta propre cause, et celle de la justice et de la raison !

Il n'a pas la prétention étrange d'avoir tout dit, tout vu, tout prévu ; mais, il en est fermement convaincu, ses idées sont autant de jalons indiquant la véritable route, celle dont l'étendue et la largeur présentent le moins de dangers et d'écueils, au char glorieux, quoique recouvert de la triste livrée du deuil national. qui porte tes destinées et celles de la République.

Qu'on s'en écarte au point de donner à la République actuelle une physionomie semblable à celles des deux dernières : impôts iniques écrasant les classes laborieuses, rigoureusement maintenus, sinon augmentés, l'ordre public constamment troublé, etc., c'est-à-dire tous les inconvénients de la monarchie, et pas même l'ordre public maintenu, seul avantage à porter au crédit de la monarchie.

Tu redeviendras probablement un des troupeaux précieux, un des riches cheptels de la monarchie.

Qu'on la suive, tu tiendras à jamais dans tes mains le fil de tes destinées, tu seras à jamais une des grandes nations républicaines.

Hic est salus ! In hoc signo vinces !

CHAPITRE VII

Devoirs des républicains. — Devoirs particuliers à quelques-uns. — Devoirs communs à tous les citoyens. — Respect dû aux décisions du suffrage universel.

Ma tâche serait inachevée si, après avoir démontré la possibilité de fonder définitivement la République en France, je n'indiquais certains devoirs découlant de ce fait, comme le fleuve sort de sa source.

Quelques-uns de ces devoirs étant particuliers à quelques républicains et d'autres communs à tous les citoyens, nous parlerons d'abord de ceux des républicains; ensuite viendront les devoirs communs à tous, parce que cette manière de les envisager est plus en harmonie avec l'ordre chronologique suivant lequel ils doivent être exercés.

Parmi les nombreux préjugés exploités et répandus dans les masses par les partisans de la monarchie, le plus enraciné, le plus vulgarisé, c'est l'impossibilité de doter la France d'institutions républicaines.

C'était chose logique et naturelle, car l'ennemi le plus redoutable des monarques n'est pas, nous l'avons dit plus haut, un monarque qui les traite de frères;

c'est, sans contredit, la République, négation radicale de toute monarchie.

Aussi quel talent merveilleux, quel art perfide la monarchie et ses partisans n'ont-ils pas déployés pour obscurcir et éluder la véritable question !

Loin de heurter le sens commun, de nier l'évidence et de placer les institutions monarchiques au-dessus des institutions républicaines, ils se sont bornés à faire considérer la République comme un idéal sublime, une sorte d'oasis politique inaccessible au caractère, au tempérament français; en un mot, comme une grande et généreuse chimère.

Le vrai républicain ne saurait trop protester contre ce préjugé si répandu, en en montrant l'inanité, l'absurdité ; c'est le premier, le plus impérieux de ses devoirs.

Il doit exercer dans ce but une sorte d'apostolat : les réunions publiques ou privées, fortuites ou préparées, la table d'un ami ou celle d'un étranger, les veillées du coin du feu, les conversations familières à la ville ou à la campagne[1], seront pour lui autant d'occasions favorables de propagande républicaine.

Non-seulement il démontrera la possibilité pour la France de vivre sous les institutions républicaines, mais il s'appliquera aussi à démontrer leur incontestable supériorité sur les institutions monarchiques.

Avec la République, diminution considérable des impôts et des charges pesant sur les classes laborieuses, par suite d'une nouvelle assiette de l'impôt et de la suppression d'un nombre considérable de gros fonctionnaires inutiles, et de leurs traitements scandaleux.

Plus de liste civile ni de dotations des princes et princesses de la famille régnante ; plus de dilapidation des fonds publics, sous le prétexte fallacieux de maintenir l'ordre, couvrant celui de soutenir la dynastie avec les sueurs du peuple.

L'ordre public n'en sera pas moins assuré ; car, sous la République, il existera des lois auxquelles tous les citoyens devront obéissance, des juges pour punir toute infraction à ces lois ; une force publique chargée d'appréhender les perturbateurs et de faire exécuter les décisions des magistrats.

Un autre devoir supérieur incombant aux républicains, c'est d'éclairer le peuple sur la valeur considérable des votes à émettre pour nommer les représtants chargés du soin d'élaborer, de donner au pays une nouvelle constitution et de nouvelles lois, base essentielle de toute institution politique.

Privé de constitution, ou possesseur d'un constitution imparfaite, le peuple est sans cesse exposé à des abus, à des rivalités entre les différents pouvoirs de son gouvernement ; cet antagonisme redoutable est un brandon toujours prêt à allumer les discordes civiles.

Avec une constitution claire, expression des tendances générales, ces conflits et ces abus sont impossibles, parce que le droit et la limite des droits de chaque pouvoir y sont clairement indiqués.

Le législateur se borne à voter les lois, le pouvoir judiciaire se contente d'en faire l'application, le pouvoir exécutif remplit ses devoirs exclusifs en les faisant exécuter.

Quand le peuple comprendra bien le rôle suprême d'une constitution dans un Etat, les droits et les dedevoirs consacrés et garantis par elle, il voudra confier à des républicains seuls le soin de lui en donner une nouvelle.

Constitutions républicaines, lois républicaines, se dira-t-il, seront l'œuvre exclusive de républicains sages et sincères.

Arrivé à ce niveau, ses bulletins de vote porteront infailliblement le nom des candidats républicains.

Choix des candidats républicains.

Mais parmi ceux-ci, il en est dont la présence et la majorité sont indispensables dans nos assemblées pour assurer le maintien de la République ; car les premières années d'un nouveau gouvernement sont incontestablement les plus difficiles à traverser, les plus fécondes en écueils pour ce gouvernement, parce qu'il a froissé les intérêts, brisé les projets ambitieux d'un certain nombre d'individualités plus ou moins puissantes, dévouées corps et âme au régime déchu.

Et Dieu sait si la République a causé et causera de

ces sortes de déceptions aux monarchistes de toute nuance !

Voici venir les orateurs exaltés des rues et des places publiques, les organisateurs de complots et de manifestations destinés à amener des troubles, des guerres civiles, si nécessaires pour escamoter la République.

Fuyons-les avec la précipitation de l'enfant qui aperçoit un serpent caché sous l'herbe sur laquelle il folâtre.

Ce sont nos plus dangereux ennemis, des loups revêtus d'une peau de berger. N'allons pas nous associer à eux et jouer innocemment le jeu de quelque prétendant, qui nous croit assez niais pour retomber dans les errements si souvent suivis sous nos deux premières Républiques !

Serions-nous donc, nous la ville sainte, la ville de l'idée, du progrès, inférieurs aux animaux doués d'instinct suffisant, pour ne plus se laisser prendre aux mêmes piéges s'ils recouvrent leur liberté après une première chute ?

Or, éviter ces écueils, annihiler tout espoir de restauration monarchique, par conséquent toute tentative directe ou indirecte en ce sens des partisans de la monarchie, c'est évidemment l'œuvre exclusive d'hommes politiques prudents, sages au suprême degré.

De là un troisième devoir, devoir capital pour tout républicain :

Eclairer le peuple sur les choix à faire parmi tous les aspirants à obtenir ses suffrages, à être investis de sa confiance, afin de faire sortir de l'urne électorale les noms des hommes les plus capables de diriger avec habileté, avec succès, le char des nouvelles institutions républicaines.

La démocratie, on ne peut le nier, divisée en deux groupes distincts, semble poursuivre le même but par des moyens différents.

L'un, se disant radical, paraît vouloir arriver d'un seul bond à une réorganisation complète; il veut faire table rase, *hic et nunc*, de toutes les bases actuelles de la société et leur en substituer de nouvelles. La société est pour lui une vallée ou un champ : on peut y fouiller, renverser, bouleverser et niveler tout à son aise; trompé par cette assimilation de la société à la matière inerte, il ne paraît pas se douter qu'elle est, au contraire, une agrégation de volontés libres susceptibles d'opposer de la résistance à l'exécution de ses projets, s'ils ne sont pas conformes à ses convictions, et même à ses préjugés.

Cette fausse idée, jointe à un enthousiasme illimité vrai ou feint, dans l'excellence de ses doctrines, l'a conduit à une sorte de dogmatisme politique légitimant même la violence, *fas et nefas*, pour arriver à en faire l'application.

L'autre groupe, plein de respect pour la volonté humaine, pour les décisions du suffrage universel sérieusement exprimées, plus versé dans la connaissance des hommes et des choses, paraît rejeter toute idée de contrainte, décidé à résoudre les problèmes politiques et sociaux à l'aide du temps, de la liberté et de la science.

Ce groupe, numériquement supérieur au premier, compte à sa tête l'ancienne gauche appelée modérée sous l'empire; ses principaux membres participent aujourd'hui à la direction des affaires du pays, soit comme ministres, soit comme membres du gouvernement de la défense nationale.

Ce que nous venons de dire de l'un et de l'autre de ces groupes suffirait, à la rigueur, pour indiquer dans lequel les électeurs devront prendre le plus de candidats, si nous voulons conserver la République.

On comprend déjà la supériorité des opinions modérées sur les opinions radicales, pour établir à jamais en France les institutions républicaines; car, la violence, la contrainte, les vexations injustes ont puissamment contribué à la ruine des deux premières Républiques!

Mais l'expérience elle-même éclaire la question d'une lumière nouvelle; elle nous permet d'apprécier les actes des sectateurs de ces diverses opinions, et de constater les résultats obtenus par chacun des deux groupes. *A fructu eorum cognosce eos.*

Qu'ont fait les modérés, qu'ont fait les radicaux?

Il ne rentre pas dans le cadre de mon travail de juger les actes des modérés et des radicaux de la première République; je constate, en passant, où nous a conduits l'enthousiasme farouche de ces derniers. Les menées désordonnées du jacobinisme, aboutissant aux horreurs terrorisantes de 93, n'ont-elles pas frayé le chemin de la dictature et du trône impérial à un soldat ambitieux, cause occasionnelle de tous nos plus grands désastres?

Je n'examine pas davantage le rôle de la malheureuse influence des radicaux dans la ruine de la République de 48; je me borne à constater les moyens employés et les résultats obtenus par les modérés, par les radicaux, dans l'intérêt de la République, depuis la fondation du second empire jusqu'à l'heure oùj'écris.

Parlant d'hommes que j'ai vu agir, et d'événements passés sous mes yeux, je serai moins exposé à défendre et à préconiser les préjugés et les erreurs, sinon les passions injustes des écrivains qui ont parlé des causes de la ruine des deux premières Républiques.

Après la sanglante orgie du coup d'état, l'installation du trône impérial sur les ruines de la constitution, des lois et des droits les plus sacrés; après les violations illégales du domicile, les emprisonnements sacriléges, les exécutions sommaires et les proscriptions en masse des citoyens assez courageux pour protester contre cet assassinat monstrueux, un silence de mort, un désintéressement complet des choses politiques, une sorte de stupeur générale sembla s'être emparée de tous les hommes politiques de ceux-là même qu'avaient épargnés les saturnales politiques sanglantes du futur empereur.

Pendant plusieurs années, les grands corps de l'Etat, composés à l'impériale, célébraient à l'envi, moyennant une rétribution en raison directe de leurs efforts à les exalter, la puissance et le génie du maître de la France.

Notre pseudo-César était dieu. Le sénat, le corps législatif étaient des temples dont quelques membres, l'encensoir toujours allumé, montaient à la tribune pour plaire à ce tout-puissant aux pieds d'argile encore rouges du généreux sang républicain, et pour brûler en son honneur un encens dont la fumée cachait à la France la véritable physionomie de la nouvelle divinité.

La jeunesse, détournée avec une sorte de machiavélisme cynique de tout ce qui grandit l'âme, élève le cœur en ennoblissant l'esprit, était portée vers la sensualité brutale qui dégrade le cœur en tuant l'intelligence.

Encore quelques années de ce monologue louangeux des grands corps de l'Etat, de cette corruption étalant sans conteste ses nudités, ses dévergondages jusque dans nos jardins publics, jusque dans nos rues et sur nos places publiques, ainsi que dans les productions de l'esprit, la France s'engloutissait au fond des abîmes. Vous souvient-il de ces chansons sans pensées, accouplement bizarre de mots vides de sens, de cette musique tantôt échevelée, tantôt écœurante, toujours malsaine; tout cela ne sent-il pas la décomposition morale d'un peuple prêt à devenir cadavre et pourriture?

Tout à coup, un petit groupe d'hommes sembla considérer le désintéressement des choses politiques comme un formidable danger public. Mettant le salut de leur patrie au-dessus de leur répugnance, ils prêtèrent serment à l'empire, et ils furent investis du mandat de députés.

Leurs protestations quotidiennes du haut de la tribune firent leur chemin dans l'esprit national, bien qu'elles fussent tournées en ridicule, sinon étouffées sous les cris, les hurlements de la claque impériale.

Mais les efforts infatigables de la petite phalange furent si féconds, que, en 1863, le renouvellement du corps législatif permettait à la France d'entendre la grande voix, restée trop longtemps muette, de quelques-unes de ses illustrations politiques : Thiers, Berryer, Marie, Garnier-Pagès et quelques autres vinrent s'associer à l'entreprise courageuse des cinq.

On sait le résultat de l'entrée de ces nouveaux éléments dans la chambre impériale. Les succès oratoires faciles du temps du monologue dithyrambique furent tout à coup des défaites pour les défenseurs de l'empire.

L'expédition du Mexique, cette folie décorée du nom pompeux de grande pensée du règne par un des avocats de l'empire, reçut sa véritable signification sous l'influence des éloquents discours de Jules Favres et des événements lamentables dont elle fut la source.

Les finances publiques, celles de la ville de Paris, mises à jour par Picard, Thiers, Garnier-Pagès et Magnin, présentaient l'aspect d'un chaos, d'un abîme sans fond que tous les Curtius du bonapartisme n'auraient pu combler, quel qu'eût été leur dévouement et leur héroïsme.

L'empire était démasqué aux yeux du peuple. Fidèle

à son origine, il respectait les lois, tant que ses intérêts, ses besoins, ses caprices ne le portaient pas à les fouler aux pieds.

Tandis que la gauche modérée déployait cette ardeur, cette activité féconde, d'où pouvait sortir la chute de l'empire et la renaissance de la République, la gauche radicale, jusqu'alors muette, inactive, sortit tout à coup de son silence, de son inaction.

Mais, au lieu de se joindre à la gauche modérée, elle l'accablait de sarcasmes, de calomnies, dont le principal prétexte était le serment prêté à l'empire.

Vinrent de nouvelles élections législatives, même ligne de conduite chez la gauche modérée et chez la gauche radicale. L'une travaille avec ardeur, avec succès, à faire entrer à la chambre de nouvelles recrues républicaines pour dominer l'impérialisme. L'autre se tient dans l'attitude boudeuse d'Achille, si elle sort de l inaction, c'est pour répandre l'injure et l'outrage sur les assermentés.

Néanmoins le résultat des élections nouvelles fut immense pour la République ; car si l'empire jouissait encore de la majorité numérique au corps législatif, la majorité morale appartenait à la République.

Chaque discussion, quel que soit le vote dont elle était suivie, démontrait au pays la supériorité des doctrines des membres de l'opposition sur celles des avocats de l'impérialisme, toujours enfermés dans le labyrinthe de la contradiction.

En quête d'un nouvel expédient nécessaire pour

conjurer le péril dont il était menacé, pour consolider et transmettre intact le trône chancelant, l'empire imagina le plébiscite, c'est-à-dire le droit exclusif de déclarer et de faire la guerre, et, au besoin, de mettre à sa place son fils ou tout autre membre de la famille impériale.

Quelle fut encore dans cette circonstance solennelle la conduite de la gauche modérée, et celle de la gauche radicale ?

La question plébiscitaire, posée d'une façon cauteleuse, fut résolue négativement par la gauche modérée, qui redoubla de courage et d'énergie pour faire triompher son opinion avec le concours de la logique et de la persuasion.

Quant à la gauche radicale, sortie cette fois de la tente d'Achille pour rentrer dans la lice, elle avait déjà préparé, exécuté bénévolement, avec le concours empressé des agents secrets de Bonaparte, quelques émeutes ridicules, dont le résultat, facile à prévoir, devait être l'incarcération pure et simple des dupes et des étourdis.

Pendant qu'elle prêchait avec frénésie, l'abstention au vote plébiscitaire, comme plus conforme à la dignité républicaine, la gauche radicale nouait de nouvelles et étonnantes relations, ourdissait de nouveaux complots en la compagnie officielle des mouchards et des mercenaires impériaux, qui livraient à la haute cour plusieurs de ses membres, en se frottant les mains, en se pâmant d'aise de tant de simplesse, de tant de candeur !

Les radicaux jouèrent encore là le jeu de Bonaparte ; ils avaient fourni à un de ses ministres l'occasion désirée d'évoquer le spectre rouge et d'épouvanter la province, en agitant ce fantôme.

Deux millions de oui de plus accordèrent le blanc-seing demandé par l'empire.

Voilà le dernier acte de la gauche radicale sous l'empire ; ce sont de nouvelles sympathies, acquises à la longue par les efforts incessants de la gauche modérée, soudainement enlevées à la cause républicaine.

Le dernier acte politique de la gauche modérée sous l'empire fut la proclamation glorieuse de la République. On peut sans phrase l'appeler glorieuse, admirable, cette immortelle journée du 4 septembre.

Admirable et glorieuse en elle-même, puisque ce gigantesque mouvement s'est accompli sous le coup des foudroyantes nouvelles du théâtre de la guerre, au milieu d'une population mobile, impressionnable au suprême degré, sans briser une seule existence, sans causer même la moindre blessure ! tandis que les fêtes, les réjouissances impériales ont toujours fait quelques victimes !

Hélas ! il était donc de la destinée de l'empire de victimer même lorsqu'il voulait réjouir !

Admirable et glorieuse pour la gauche modérée, qui en a été l'initiatrice par ses discours et par son exemple !

Depuis l'avénement de la République, aucune modification dans la ligne de conduite précédemment suivie par la gauche modérée et par la gauche radicale.

La première paraît s'efforcer de se rendre digne de la confiance de Paris et de la France entière ; elle semble travailler sans relâche, avec un courage, un dévouement sans limites, à l'expulsion de l'étranger, au salut de la France, si compromise par l'incapacité, peut-être par la trahison du régime déchu.

Elle continue l'œuvre patriotique commencée par elle depuis son origine ; elle semble chercher à nous conduire avec sagesse, avec prudence, en évitant la violence et tous les autres écueils, à la possession paisible de la liberté et de la République.

La seconde, fidèle à ses malheureuses traditions, continue vis-à-vis du gouvernement de la République ses dénigrements systématiques, ses calomnies, ses injures gratuites ; reproduction exacte de celles adressées par elle aux membres de ce gouvernement lorsqu'ils étaient à la tête de la gauche modérée.

Elle a poussé la témérité mêlée d'audace jusqu'à porter la main sur le gouvernement acclamé le 4 septembre, lorsque personne ne songeait à lui contester ses pouvoirs.

De même que sous l'empire elle jouait le jeu des Bonaparte par sa croisade injuste contre les modérés, par ses accointances inconsidérées avec la police impériale; de même sous la République, devant l'invasion, pendant le siége de Paris, dans Paris même, elle a travaillé dans l'intérêt exclusif de Bismark et de Guillaume nos envahisseurs, en s'exposant à faire naître des discordes civiles, dont la conséquence immédiate était la prise forcée de la capitale et la mort de la France !

En somme, la gauche radicale est sortie de sa politique de néant, de son nihilisme, pour se jeter à corps perdu dans des intrigues malheureuses, des violences coupables, toujours nuisibles à la cause républicaine.

La gauche modérée, au contraire, fidèle à ses traditions, fidèle à elle-même, paraît s'avancer d'un pas lent, mais sûr, avec l'appui de la force morale appuyée sur le bon sens et la logique, dans le chemin conduisant à l'établissement régulier et définitif du gouvernement républicain.

L'une est l'image de la jeunesse, avec ses élans enthousiastes, ses ardeurs généreuses, son inexpérience, ses témérités fertiles en mécomptes fréquents, en déceptions multiples ;

L'autre est l'image de l'âge mûr ; elle est sans témérité comme sans faiblesse ; son élan, son adeur, tempérés par la maturité de la raison, la poussent en avant sans l'exposer à des mécomptes, à des déceptions si nombreuses !

Groupons-nous donc fortement autour du drapeau de la gauche modérée, autour de cet étendard tricolore, sous lequel nous avons fondé le gouvernement républicain.

Soumettons-lui nos craintes, nos aspirations, nos angoisses républicaines.

Puisons auprès d'elle, nos inspirations, au lieu

d'écouter les suggestions de comités occultes, composés peut-être d'ennemis jurés de la République.

Montrons à ses membres, encore au pouvoir, que nous n'avons pas oublié leurs services signalés.

Ils ne nous refuseront pas quelques lignes du *Journal officiel,* pour éviter tout malentendu, prétexte le plus fréquent des discordes civiles, milieu le plus favorable à l'assassinat de la République.

Démontrons la nécessité d'une majorité de cette nuance à l'Assemblée nationale .pour assurer le maintien absolu de la République.

C'est, selon nous,un double devoir : devoir d'homme, devoir de citoyen français ; en l'accomplissant, nous aurons bien mérité du pays, et de la civilisation universelle.

Car la France acquise à l'idée républicaine, c'est l'Europe c'est le monde entier républicain, ou prêt à le devenir !

A vous surtout, républicains doués de capacités suffisantes pour affronter les périls de la parole publique, incombe la mission spéciale de démontrer victorieusement l'excellence des idées démocratiques sur les institutions monarchiques, tout en soutenant et en appuyant dans la mesure de vos forces les candidatures de nuance modérée.

Non-seulement vous appuierez les candidatures de vos concitoyens, mais vous aurez le généreux courage de poser la vôtre : si vous avez conscience de pouvoir remplir dignement les fonctions de représentant du peuple, de mériter la confiance des électeurs dont vous solliciterez les suffrages.

Qu'importe le résultat de vos efforts au point de vue personnel ?

Dût-il vous être défavorable, en eussiez-vous la certitude, le patriotisme vous commande de subir cet échec, car si vos démarches et vos discours sont vains et infructueux pour vous, ils auront certainement profité à la République, en détruisant les préjugés dont elle se trouve enveloppée ; à la patrie, dont la régénération complète sera l'œuvre exclusive de la vraie connaissance, de l'application saine des principes républicains.

Votre abnégation patriotique vous donnera des imitateurs ; elle décidera d'autres républicains capables à sortir de leur attitude trop timorée, de leur silence trop modeste ; elle accroîtra le nombre des candidats dont les discours éclaireront les électeurs et leur faciliteront le choix si difficile de leurs représentants.

Un poète latin l'a dit : *Exemplum plures allicit.*

La Fontaine l'a répété en français : « L'exemple est un dangereux leurre. »

Alors s'ouvrira, pour la nomination des représentants du pays, cette ère nouvelle si nécessaire à tous les points de vue à la régénération matérielle et morale de notre chère patrie.

Le mandat redoutable de député ne sera plus, comme sous la monarchie, le privilége exclusif de l'homme possesseur des plus gros sacs d'écus, des plus vastes domaines, des plus nombreux arpents de terre, du blason le plus vieux, le plus armorié, ou des plus nombreuses, des plus chaleureuses recommandations officielles ; il sera déposé entre les mains vaillantes du plus capable du plus méritant ; le mérite seul, servira de marchepied, pour arriver au sommet de la confiance populaire.

Le critérium de la députation ne sera plus faveur, argent, noble origine ; il s'appellera mérite, honnêteté, patriotisme !

Ce jour-là, sonneront la dernière heure, le glas funèbre des individualités politiques intrigantes et incapables ; de nombreux malheurs seront évités à notre pays, car un peu de réflexion et d'expérience nous autorise à faire remonter à cet ordre misérable, à cette sorte de chevaliers du pouvoir, la plupart de nos maux, la majeure partie de nos désastres !

Obligation générale d'éclairer ses votes.

PUISSANCE DES ÉLECTEURS.

Un autre devoir commun à tous les électeurs, conséquence de la possibilité d'établir définitivement en France les institutions républicaines, c'est l'emploi de tous les moyens en leur pouvoir, pour éclairer leur vote, pour déposer dans l'urne électorale les noms les plus dévoués au régime démocratique.

Il faut toujours voter, ne jamais s'abstenir, et surtout émettre des votes intelligents.

Commerçant, boutiquier, laisse un instant le soin de ton négoce ; ouvrier, cultivateur, vigneron, artisan, fais une courte trêve à tes travaux ; tous ensemble consacrez quelques instants, donnez quelque réflexion sérieuse à la question politique : concertez-vous, éclairez-vous mutuellement sur le mérite, sur la valeur réelle des candidats présentés à vos suffrages souverains.

S'occuper en République du meilleur choix de ses représentants, c'est se livrer à une œuvre éminemment productive ; c'est améliorer les finances, diminuer les impôts, consolider la paix, préparer la guerre légitime et heureuse ou en conjurer le retour ; c'est une participation effective au gouvernement de son pays, car sous la République le peuple est roi !

Plus d'abstention sous des prétextes futiles ; vous ne jouez plus une comédie ridicule, dont le résultat pouvait être annoncé à l'avance, quels que soient vos choix et quels que soient les noms portés sur vos bulletins de vote.

Vous êtes conviés à une œuvre impérissable. Les votes déposés par vos mains dans les urnes populaires en sortiront vierges, immaculés ; l'honnêteté républicaine, la supériorité des principes républicains les ont revêtus d'un sceau inviolabe, sacré ! *Vox populi, vox Dei !* Ce que veut le peuple, Dieu le veut !

Le vote, voilà l'acte suprême, voilà la plus haute expression du droit politique !

O électeurs, mes chers compatriotes ! avez-vous jamais réfléchi à l'importance singulière, prodigieuse, de ces petits carrés, de ces minces morceaux de papier que nous déposons sans le moindre apparat, sans la moindre solennité, dans une petite boîte, vieille ou neuve, en métal ou en bois, placée sur des planches soutenues par des pieds, ou sur une simple table ?

Vous est-il jamais venu à l'esprit qu'ils sont la source unique, féconde des lois, des décisions judiciaires et de la puissance publique, la paix ou la guerre, la prospérité publique, ou la ruine générale, en un mot, le gouvernement lui-même sortant de vos mains ?

Aux jours du vote, le sort de votre patrie est entre vos mains, vous êtes véritablement souverains. L'exercice de vos droits électoraux est une sorte de création ; c'est l'image frappante des actes merveilleux de la sagesse, de la puissance suprême, jetant les mondes dans l'espace, ordonnant le chaos sous le souffle prodigieux de son invincible volonté.

Voulez-vous substituer à vos lois civiles actuelles, tirées pour la plupart des coutumes du moyen âge et du droit féodal, expression des abus de la force brutale contre le droit éternel, une législation en harmonie avec les notions primordiales du juste et de l'injuste, gravées au fond de la conscience humaine ?

Désirez-vous une magistrature intègre, pleine de respect pour les lois, ne leur faisant jamais la moindre violence pour torturer, pour faire souffrir les citoyens, *torquantur leges ut torqueant homines*, sauvegarde incorruptible du droit et de l'honneur de chacun, reflet véritable de la justice éternelle ?

Souhaitez-vous à votre patrie, un pouvoir énergique, fort, redoutant jusqu'à l'apparence du désordre, gardien implacable de l'ordre public, première source de la richesse et de la prospérité matérielle et morale des peuples ?

Aspirez-vous à doter votre pays d'un gouvernement modèle, d'institutions sublimes, enviées des peuples vos voisins, destinées à être bientôt le patrimoine commun de l'humanité transformée ?

Voulez-vous fonder à jamais en France les institutions démocratiques, le gouvernement de la République, cet incomparable gouvernement qui laisse aux peuples le droit absolu de se conduire, de disposer d'eux-mêmes, comme la nature, notre inimitable modèle, laisse à l'être intelligent la responsabilité de sa direction, par le libre arbitre, par l'indépendance totale de la liberté humaine !

Eh bien, vous avez le droit incontestable, le pouvoir illimité de fonder ces lois nouvelles, de modifier, de faire disparaître vos vieilles institutions, de les remplacer par de nouvelles, d'être vous-mêmes vos rois et vos empereurs, de maintenir la République !

Dites ces simples mots : Je le veux, je l'ordonne, et cela sera ! *Sic volo, sic jubeo.*

Oui telle est la toute-puissance de l'exercice des

droits du suffrage universel ; c'est le *fiat lux* du peuple dans l'histoire de ses créations politiques !

De même que la volonté suprême a présidé seule à la création de la lumière et à sa diffusion dans l'espace, de même, ô électeurs, notre volonté seule, exprimée sur nos bulletins électoraux, suffit pour transformer notre vieux chaos politique et social, en un État inondé de la lumière du sens commun, du droit naturel.

N'oublions jamais cette toute-puissance populaire, résultat immédiat du suffrage universel. Elle nous inspirera l'accomplissement de nos devoirs civiques, elle nous empêchera de prendre part à des manifestations intempestives organisées le plus souvent par d'imprudents amis, sinon par des ennemis de la République. La seule manifestation actuellement opportune n'est-elle pas de retourner à nos ateliers, afin de reprendre le cours des travaux pacifiques dont notre patriotisme, notre amour de la République en péril nous avait éloignés pendant la durée de la guerre ?

Songeons surtout à cette omnipotence du suffrage universel au moment d'en exercer les droits. Voilà le secret véritable pour les exercer avec la dignité d'hommes intelligents et libres, heureux d'être et jaloux de demeurer maîtres absolus de leurs destinées !

Respect dû au suffrage universel.

Enfin, un important et dernier devoir, commun à tous les citoyens, c'est un respect absolu, une sorte de culte inviolable pour les décisions du suffrage universel librement et légalement exprimés. Elles doivent être pour nous une autre arche sainte. La moindre violence, la moindre résistance envers elles, la plus inoffensive manifestation en sens contraire, doivent être considérées comme une sacrilége profanation, comme un crime de lèse-majesté populaire.

Le salut de notre pays, sa régénération matérielle et morale, le salut de la République sont à ce prix.

Tout Etat, toute société privée d'un principe souverain, d'une autorité suprême indiscutable, en dehors des luttes quotidiennes de la politique, est fatalement destiné à périr dans les convulsions du désordre et de l'anarchie, parce qu'il ne saurait y avoir rien de stable, de définitif, dans un pays dont la base des institutions pourrait chaque jour, à chaque instant, être impunément méconnue, contestée ou remise en question.

C'est l'absence de ce principe, sorte de dogme politique, qui a engendré chez certains peuples ces divisions intestines, ces discordes civiles, cause principale de leur anéantissement. Sachons profiter de ces leçons cruelles, terribles, mais salutaires, du passé et de l'histoire.

Or, la base de nos institutions républicaines, c'est le suffrage universel, ce sont ses décisions médiates ou immédiates, librement et légalement exprimées; il n'y en a point d'autre, elle est la seule légitime.

Sachons donc les respecter, même lorsqu'elles sont contraires à nos idées, à nos systèmes; mais travaillons avec une ardeur infatigable à leur triomphe pacifique.

A cette double condition, nous resterons dignes du double titre de républicain et de bon citoyen; nous travaillerons fructueusement au développement, à la diffusion générale des principes, de la démocratie pure, la seule vraie, la seule durable; celle qui repousse toute violence, n'a besoin ni de canons, ni de fusils, ni de mitrailleuses, ni de barricades pour se faire accepter; celle à qui la vérité a promis le sceptre du monde comme à la plus digne et à la plus élevée; celle enfin, dont le nom véritable est celui-ci: progrès réel, vérité politique!

Chose digne de remarque, nous revenons à un principe de nos pères appliqué à l'élection de leurs rois de la première race. Notre gouvernement républicain va vivre des décisions du suffrage populaire comme en a vécu le gouvernement de nos aïeux, puisqu'ils le constituaient par l'élévation, par le triomphe sur le pavois, sorte de consécration des acclamations populaires transformée aujourd'hui en proclamation du résultat du scrutin.

Eh bien, puisque ce suffrage populaire, puisque ses décisions ont servi de point d'appui à nos aïeux pour jeter les bases solides d'une monarchie glorieuse au point de vue de son rôle, de son évolution historique; lamentable au point de vue social, à cause des souffrances, des misères, des injustices, des vexations infligées au peuple par la volonté égoïste, par l'iniquité flagrante des grands, sachons nous servir du suffrage universel et de ses décisions souveraines pour jeter les bases immortelles de la République, destinée à panser les plaies du peuple, à anéantir jusqu'au souvenir amer des injustices, des misères, des vexations iniques dont il a été l'objet, et à introduire dans notre patrie, dans les nations européennes, dans l'humanité tout entière, le règne divin de la liberté, de la justice et de la fraternité.

Nos pères, ces intrépides pionniers de la civilisation, ont fait la plus rude, la plus sanglante, la plus laborieuse étape; nous, leurs fils, ne soyons pas indignes d'eux, en nous arrêtant à mi-chemin sur la route de la seconde, bien moins longue et bien moins périlleuse!

De même qu'ils se sont voués, sous la monarchie, à la défense de la terre sainte et du tombeau de Jésus-Christ au cri de « Dieu le veut, » organisons une croisade morale sous la République pour la défense et l'inviolabilité des décisions du suffrage universel, car ce que le peuple veut, ce que veut la majorité du peuple, Dieu le veut! *Vox populi, vox Dei.*

Que la foi politique remplace la foi religieuse où celle-ci est absente. Là où n'existe ni foi ni conviction d'aucune sorte, il ne saurait y avoir ni lien, ni ardeur généreuse, ni vrai patriotisme, c'est-à-dire aucun des éléments nécessaires à l'énergie, à la vitalité des peuples, aucun des principes essentiels, à la formation des grands citoyens et des grandes nations, à leur longévité et à leur longue durée.

Car les actes humains étant l'expression de la pensée humaine, ils seront mesquins, grands, profonds, élevés, héroïques, selon que nos convictions seront elles-mêmes mesquines, grandes, profondes, élevées, héroïques.

Ayons donc une foi, une croyance invincible dans l'excellence du suffrage universel, dans le respect absolu, sacré de ses décisions et pour ramener dans notre grande et malheureuse patrie l'ordre, la paix glorieuse et durable, la prospérité générale, l'amélioration certaine du sort des classes laborieuses, en un mot, la justice dans le gouvernement de notre pays.

La justice dans le gouvernement, voilà le but souverain de tout démocrate sincère, car là où existe la justice existe la connaissance, le respect de tous les droits, la connaissance et l'accomplissement de tous les devoirs : l'idéal politique et social, la vraie République.

Le suffrage universel, le respect inviolable pour ses décisions, voilà le moyen efficace, infaillible pour atteindre ce but, puisqu'il consacre l'expression de nos vues, de nos tendances politiques et sociales, puisqu'il est la résultante de nos volontés libres, de nos aspirations réelles.

Donc, affirmons, cherchons la justice gouvernementale exclusivement par le suffrage universel, sa source seule vraie, seule féconde, en dehors de laquelle la démocratie devient l'arbitraire, la violence, l'anarchie, le chaos, la tyrannie, c'est-à-dire se suicide elle-même ; ainsi deviendront des réalités sociales, ce qu'on s'est plu, ce qu'on se plaît tant à qualifier encore de généreuse chimère au camp monarchique : les institutions républicaines, la République elle-même. Ainsi le veut la logique, ainsi le veut la raison.

Concentrons tous nos efforts, déployons toutes nos énergies pour provoquer l'avénement de la justice dans notre organisation politique et sociale. Cet heureux avénement et ses immenses avantages seront certainement le prix inestimable de nos efforts, car la nature n'est pas assez cruelle pour nous faire rechercher éternellement un idéal politique chimérique, expression des idées innées du juste et de l'injuste, gravées au fond de la conscience humaine, et faire de notre pauvre existence un martyre continuel.

Ces notions éternelles, invincibles, immuables, sont pour nous un gage certain de la possibilité de leur réalisation au point de vue politique comme dans tout autre ordre d'idées.

D'ailleurs, cet avénement et ses conséquences nous ont été promis par un homme incomparable, le premier parmi les plus grands, par l'élévation de sa philanthropie, par la profondeur de sa philosophie, par la hardiesse divine de ses principes, la plus grande figure républicaine du passé, du présent, de l'avenir, par le Christ lui-même.

N'est-ce pas lui qui a dit :

« Bienheureux ceux qui ont faim et soif de la justice, car ils seront rassasiés.

« Cherchez d'abord la justice, le reste vous viendra par surcroît. »

Beati qui esuriunt et sitiunt justitiam quoniam et ipsi saturabuntur.

Querite primum justitiam, et omnia adjicientur vobis.

A l'œuvre donc, chers concitoyens, à l'œuvre donc, républicains, travaillons avec une infatigable ardeur à la réalisation de ce nouveau programme : la création de la justice gouvernementale par le respect absolu des décisions du suffrage universel. Là gît la véritable solution de tous nos problèmes politiques et sociaux. Chercher ailleurs, c'est préférer marcher à l'aventure et dans les ténèbres, que de suivre une route facile, inondée de la lumière du soleil, de la clarté du jour.

Graver notre immortelle devise républicaine sur tous nos chefs-d'œuvre d'architecture, sur tous nos édifices publics, sur tous les actes de l'autorité publique, ce n'est point là le point culminant de nos travaux, le but suprême de nos efforts ; il faut l'écrire en caractères de feu au fond de notre cœur et de notre intelligence, au fond du cœur et de l'intelligence de tous nos concitoyens, avec une légère addition qu'elle contient virtuellement :

Liberté, Egalité, Fraternité.

Liberté, Égalité, Fraternité.

RÉALITÉ PAR LE RESPECT SACRÉ DU SUFFRAGE UNIVERSEL, CHIMÈRE SANS LE RESPECT SACRÉ DU SUFFRAGE UNIVERSEL.

A vous surtout, orateurs, poètes, écrivains, artistes, incombe la tâche glorieuse de pénétrer les masses de cette grande vérité, vous dont la pensée est lumineuse comme le soleil, pénétrante comme un glaive.

Orateurs, inspirez par l'éloquence persuasive de vos discours ce respect si nécessaire des décisions du suffrage universel.

Poètes, demandez aux muses des vers sublimes, des accents divins, pour en célébrer la puissance et les merveilles.

Ecrivains, philosophes, consacrez votre fécondité et vos talents à obtenir ce noble résultat.

Artistes, qui savez vaincre l'inertie de la matière et lui donner la vie à l'aide d'un pinceau ou à l'aide d'un ciseau, créez de nouveaux chefs-d'œuvre pour pénétrer l'âme du peuple de la grandeur, de la majesté du suffrage universel et de ses décisions libres et légales.

Peintres, cherchez le feu sacré, la flamme divine, la magie du pinceau dans les œuvres des grands maîtres; écoutez la voix plaintive et attristée de Raphaël.

Sculpteurs, pénétrez les arcanes de l'antiquité, fouillez tous les réduits, parcourez le monde, demandez à l'univers, à tous les échos le ciseau de Phidias ou celui de Praxitèle.

Imitez tous ce vieux Romain, si jaloux de la grandeur et de la puissance de sa patrie, voyant dans Carthage une rivale dangereuse et redoutable pour Rome, et dont les discours trahissaient cette anxiété patriotique, puisqu'il les terminait tous invariablement par ces paroles : *Delenda Carthago*, il faut détruire Carthage.

Voyez des ennemis de la France et de la République dans les contempteurs du suffrage universel, dans ceux qui portent une main sacrilége sur ses décisions librement et légalement exprimées.

Exprimez cette vérité capitale dans vos discours, dans vos poésies, dans vos ouvrages littéraires ou philosophiques, dans vos peintures, sur la pierre, sur le fer, sur le marbre, sur le plâtre ou sur le bois.

Comme Caton redisait sans cesse son *delenda Carthago* à la tribune du sénat romain, redites avec une ardeur toute patriotique, avec un sentiment profond des nécessités actuelles de la démocratie, répétez au peuple dans vos discours et dans vos œuvres :

Respect sacré au suffrage universel !

Respect sacré à ses décisions librement et légalement exprimées !

Vous aurez bien mérité de la patrie et de la République !

Vous serez de grands citoyens !

AU CITOYEN CH. HUGO

RÉDACTEUR DU *RAPPEL*.

CITOYEN RÉDACTEUR,

Je suis un lecteur assidu de votre journal ; je goûte particulièrement les articles revêtus de votre signature. Ils m'en ont donné la persuasion profonde, vous êtes une belle intelligence, un esprit très cultivé, par dessus tout un grand cœur, chose d'ailleurs très naturelle lorsqu'on est attaché par des liens si étroits à l'illustre auteur des *Châtiments*.

Mais, vous le savez, la politique, la direction des affaires d'un pays n'est pas exclusivement une affaire de sentiment ; la logique et la raison, loin d'y être étrangères, doivent, au contraire, y jouer le principal rôle.

Or, comme vous me paraissez avoir pris conseil de votre cœur et non de votre raison en écrivant l'article objet de ma lettre, je me suis permis de vous adresser quelques mots de réponse à cet article portant votre signature, inséré dans le numéro du 8 novembre, sous le titre : *Des accusés, mais pas de juges*.

Votre article contenant deux parties, je vais examiner chacune d'elles, et y répondre successivement.

La première contient l'énonciation d'une note contenue au *Journal officiel*, annonçant qu'une instruction judiciaire se poursuit contre les auteurs de l'attentat du 31 octobre.

Ces poursuites vous étonnent, et pour prouver leur absence de raison d'être, vous établissez un parallèle entre la journée du 4 septembre et celle du 31 octobre d'une part, et le scrutin du plébiscite impérial du 8 mai, et le scrutin républicain du 3 novembre d'autre part.

Je vous le demande, quel rapport existe-t-il entre ces deux journées du 4 septembre et du 31 octobre? Il me suffit, pour montrer l'abîme qui les sépare, de vous rappeler le jugement porté par vous-même sur l'une et sur l'autre dans ce même article.

La première, dites-vous, était une insurrection légitime et glorieuse ; vous qualifiez la seconde de vain appel aux passions politiques.

Elle n'existe donc pas l'équation que vous avez voulu établir entre le 4 septembre et le 31 octobre ; il suffit, pour s'en convaincre, de rapprocher les termes de votre article.

Que dirai-je de votre assimilation des scrutins de l'empire et du scrutin républicain du 3 novembre?

Celui-ci n'est-il pas l'expression la plus vraie, la plus sincère, la plus libre, la plus élevée de la volonté populaire, puisque le pouvoir républicain, fidèle à ses principes, s'est abstenu d'y prendre la moindre part, tandis que les scrutins de l'empire, préparés par des intrigues inouïes, ont toujours été une comédie, une duperie achevée. Vos éloquentes publications sur ce sujet durant l'empire n'ont pas été inutiles pour m'en convaincre.

Donc, pas d'assimilation, pas de comparaïson possible entre cette expression vraie de la volonté populaire qui s'appelle le scrutin du 3 novembre, et le plébiscite impérial du 8 mai 1870.

Si ma lettre n'était déjà trop longue, je ne me contenterais pas de vous opposer à vous-même pour établir que vous plaidiez une mauvaise cause en demandant *de plano* l'impunité des auteurs de l'attentat du 31 octobre.

Je vous aurais montré jusqu'à l'évidence la République proclamée, non par Jules Favre et ses collègues, mais par l'immense majorité du peuple frémissant de douleur, de honte et d'indignation en apprenant la honteuse, l'inouïe capitulation de Sedan, et frappant de déchéance l'auguste incapacité obstinée, cause de tous nos désastres.

Je vous aurais démontré également que pour savoir si une insurrection est légitime, il ne s'agit pas de constater si elle a réussi ou si elle a échoué : ce serait là une monstruosité et la consécration de la plus abominable tyrannie ; il suffit et il faut, il est indispensable, dans un pays de suffrage universel, que cette insurrection soit le vœu de la majorité.

Appliquant ensuite ce principe à l'immortelle journée du 4 septembre et à la journée néfaste du 31 octobre, je vous aurais prouvé, par des arguments irrésistibles, que Jules Favre et ses amis étaient dans les limites du droit et du devoir en acceptant des mains du peuple le fardeau terrible du pouvoir, et que les auteurs de l'attentat du 31 octobre étaient, au contraire, en révolte ouverte contre le droit et le devoir, par conséquent coupables et très coupables.

J'arrive à la seconde partie de votre article, écrite, comme la première, sous l'inspiration généreuse du cœur, sans le concours suffisant des lumières pures de la raison.

Après avoir énuméré les juges devant lequels on pourrait faire passer les accusés, vous les récusez tous et vous concluez : Il n'en existe pas.

La conclusion, permettez-moi de vous le dire, n'est pas rigoureuse, car si ceux dont vous parlez sont tous récusables, ce n'est pas une preuve péremptoire qu'il est impossible d'en trouver de compétents et de non récusables.

A mon avis, ces juges compétents existent réellement. Oui, ce grand tribunal digne du nom de haute cour, véritablement l'expression la plus élevée de la justice, parce qu'il n'a rien de commun avec celles qui nous sont connues, ce tribunal existe, son arrêt est déjà rendu.

Ce tribunal, c'est le peuple français ; son arrêt, c'est la majorité écrasante et vraie accordée au gouvernement par le scrutin du 3 novembre.

Cet arrêt est incomplet, il est vrai, car il constate une seule chose, la culpabilité des accusés, sans se prononcer sur la peine à leur infliger.

Mais les juges sont là, pour le compléter, ils sont compétents pour prononcer la condamnation ; l'affaire est suffisamment instruite, car qui peut savoir à fond, sinon le peuple lui-même, si les auteurs de l'attentat du 31 octobre ont porté atteinte à sa souveraineté, s'ils méritent un châtiment, et quel doit être ce châtiment.

Oui, le peuple manifestant sa volonté par le suffrage universel médiat ou immédiat, voilà le véritable juge de tout mouvement politique extralégal ; à lui seul doivent désormais être attribués les jugements relatifs à toute tentative contre la volonté populaire, à toute violence tentée ou exécutée sur les décisions légalement exprimées du suffrage universel.

Laissez-moi vous le dire en terminant, citoyen rédacteur, le suffrage universel connaissant exclusivement des conspirations et des attentats contre lui-même, c'est-à-dire contre la souveraineté nationale, amènera un résultat triplement heureux.

1° La prison politique recouvrera sa véritable signification ; elle sera la honte et l'infamie, au lieu d'être comme sous l'empire, un gage certain de l'affection populaire, un marchepied sûr pour obtenir la confiance du peuple.

2° C'est l'anéantissement de fausses traditions dont la ruine est intimement liée au maintien de l'ordre public, au développement de la prospérité générale : car la prison politique devenue infamante nous débarrassera des intrigants politiques incapables, véritable péril pour la République. Tout disciple de Jérôme

Paturot s'abstiendra de demander à l'ordre politique une position sociale, *per fas et ne fas*, parce qu'il agirait contre ses propres intérêts.

C'est la décapitation de l'école politique la plus dangereuse, la plus exaltée : celle des mécontents, quand même sous tous les régimes, celle des paresseux, celle des déclassés, celle des mauvais citoyens.

3° Cette nouvelle institution des tribunaux populaires, tout en faisant disparaître la principale source du désordre, celle dont je viens de parler, sera un des plus puissants moyens d'affermir la République, car son ennemi le plus cruel n'est-ce pas le désordre, si cher, si profitable aux prétendants, aux monarchistes ambitieux?

Les Romains disaient : *Si vis pacem para bellum;* Si vous désirez la paix, faites des préparatifs de guerre.

On peut dire avec plus de vérité, dans un autre ordre d'idées : Si nous voulons doter la France d'institutions républicaines durables, assurons l'ordre public par la création d'un tribunal populaire, devant lequel seraient portées toutes les causes relatives à la politique.

Voilà le salut de la France, voilà le salut de la République!

Veuillez agréer, je vous prie, citoyen rédacteur, mes civilités empressées.

TABLE

DIJON, IMPRIMERIE J.-E. RABUTÔT.

www.ingramcontent.com/pod-product-compliance
Ingram Content Group UK Ltd.
Pitfield, Milton Keynes, MK11 3LW, UK
UKHW012224240726
13966UKWH00003B/932

9 782011 742544